El Regalo de Uriel

Un viaje personal a través del instinto, intuición, investigación y revelación.

Edward Spellman

Copyright © 2019 Edward Spellman.
Todos los derechos reservados. Este libro o cualquier parte del mismo no pueden ser reproducidos o utilizados en cualquier forma sin el permiso expreso y por escrito del editor y el autor excepto por el uso de breves citas en una reseña del libro.
Derechos de autor registrados con Copyright House 2019.
Dibujos y fotos por Edward Spellman.
Inglés original editado por Lauren Daniels.
Traducido por Nicole Turcios
Un registro del catálogo CIP para este título está disponible en la
Biblioteca Nacional de Australia.

ISBN-13: 978-0-6485527-3-4

Agradecimientos

Me gustaría dar las gracias a todos los que me ha dado retroalimentación positiva y crítica constructiva en los últimos años, especialmente a mis amigos, Selina y Jarryd, por su estímulo, apoyo y orientación.

Gracias también a todos mis guías espirituales y guardianes sin los cuales no habría escrito este libro. Sin ellos, no habría estado aquí para escribirlo, así que gracias de nuevo con todo el corazón.

Y a mí editora, Lauren Daniels, me encanta lo que has hecho. Gracias es simplemente insuficiente.

Dedicatoria

Dedico este libro a mis tres hijos, Richard, Amanda y Jason. Estoy continuamente tanto orgulloso y sorprendido porque ellos me eligieron para ser su padre. Es y siempre será un privilegio.

También a esas tres facetas del Espíritu que conocí el diecisiete de julio de 1996, los catalizadores para mi historia.

Contenido

Canberra 1996-1999

Capítulos:

1. Mi Línea de Vida 1
2. Hojas Rojas en la Distancia 27
3. El Caballero Negro 43
4. Buscando al Caballero Negro 55
5. Clases de Desarrollo Personal 73
6. No Lucharé Más Jamás 87
7. Sigue la Cascada de Tierra 95
8. Lobo Que Corre 109
9. El Caballero Otra Vez 115
10. Los Aspectos Negativos del Ser 127
11. Maestro 133
12. Éxito 143
13. La Sala de Espera del Diablo 149
14. El Viento Sopla, Los Ríos Fluyen ... 159
15. Edward 167
16. Una Invitación 175

Melbourne 1999-2005

Capítulos:

17. Dedos Sangrantes 183
18. Autosuficiencia 201
19. Mi Armadura de Oro 213
20. La Cueva Esmeralda 227
21. Caballos 237
22. Bolas de Nieve 247
23. Ese Día 259
24. Tierra Estéril 275
25. ¿No Morí Otra Vez? 285
26. Una Calle Gris 305
27. Sentado en el Claro de un Bosque . 315

El sudeste de Queensland 2005-2016

Capítulos:

28. Una Distracción 329
29. Así No 335
30. Amnesia y Confusión Espiritual 341
31. Tu Pasado Apunta a tu Camino 349
32. El Espíritu Santo Como Paloma 357
33. ¡Ayuda! 367
34. Salto de Fe 385
35. ¿Y Si Esto es el Campo de Entrenamiento? 391
36. Agua Fangosa 399
37. Impaciencia 411
38. La Base para el Resto de mi Vida ... 419
39. El Pasillo de Piedra 427
40. El Granjero y sus Ovejas 435
41. El Taller de Dios 441
42. Enterrado en Derrumbe 449
43. El Granjero, su Hijo y el Caballero . 453
44. Laguna Redcliffe 459
45. Siga las Ondas 467
46. ¿Por Qué No Yo? 473
Epílogo 485

Acerca del Autor..489

Dibujos por Edward Spellman 2016

Mi línea de vida 14
Sigue la cascada de tierra 100

Fotografías por Edward Spellman 2016

El escudo de profecía..................................353
Mi taller..493

Canberra

1996-1999

Edward Spellman

Capítulo 1

Mi Línea de Vida

Morí el diecisiete de julio de 1996 y la vida se volvió muy interesante después de eso.

Fue un miércoles por la noche y aunque no lo sabía en ese momento, sólo tenía diez segundos antes de morir.

Estaba conduciendo al este en William Hovel Drive hacia la intersección con Coulter Drive, en Canberra, la capital de Australia. Era una noche oscura con el atardecer cerca de una hora más temprano y sin mucha luz de luna. El tráfico era ligero y los caminos estaban secos.

Más adelante, el cruce estaba bien iluminado. Sólo había un coche detrás de mí, que se estaba acercando lentamente. Estaba atento a canguros en el camino y pensé en la clase de tai chi a la que me dirigía esa noche y que me agradaban los instructores.

Nueve segundos.

Estaba sonriendo, pensando en donde estaba en mi vida comparado con dónde había estado. A sólo dos años y medio desde que terminó mi matrimonio. En aquel entonces caí en una oscura depresión después de encontrar una nota en mi almohada la mañana de un lunes de enero de 1994. Esas siete palabras se marcaron en mi mente, corazón y alma: *No estés aquí cuando regrese a casa.*

Edward Spellman

La mañana siguiente encontré otra nota: *Hablo en serio, no te amo. No estés aquí cuando regrese a casa.*

Mi hijo mayor estaba en casa cuando me fui con un par de cosas para quedarme con mi madre. Eso me destruyó.

Pero mucho había cambiado desde entonces.

Ocho segundos.

No lo había manejado bien. Se sintió como si me hubieran quitado a mis tres hijos. Ya no sabía quién era. Todavía era su padre, pero me preguntaba si alguna vez los volvería a ver.

Recordé cómo lloré mientras conducía durante la separación, sollozando y pisando el acelerador mientras me acercaba a una notoria curva en ángulo recto en la cima de la montaña Clyde.

El Regalo de Uriel

Recordé la fuerte y tranquila voz masculina que me habló en ese entonces: "¿Quieres que tus hijos se sientan así?"

No había nadie más allí, al menos físicamente.

Siete segundos.

En respuesta a la voz, había levantado mi pie del acelerador del viejo Mitsubishi UTE y desaceleré para tomar la curva de forma segura.

¡Esa voz! La había escuchado antes. Había llamado mi nombre cuando yo era aprendiz de albañil. Estaba trabajando en un hueco cuando, al oír mi nombre, di un paso en la dirección de la voz, pero no había nadie; sólo yo en toda la segunda planta donde estaba trabajando.

Seis segundos.

Edward Spellman

Era la misma voz, había pensado. Esa voz me había hecho moverme de donde estaba trabajando justo antes de que un pedazo de concreto un poco más grande que mi cabeza cayera justo en el lugar que acababa de desocupar, dejando una gran abolladura en la cubierta de madera. Ese pedazo de concreto me hubiera matado al instante.

En mi camino a tai chi, mientras me acercaba a la intersección, me preguntaba por qué estaba recordando esa voz. No había pensado en esos incidentes en mucho tiempo, y nunca había pensado que estaban relacionados.

Tampoco sabía que quien me había hablado estaba esperándome al final de la calle.

Cinco segundos.

El Regalo de Uriel

Antes de ir a mi clase de tai chi, quería pasar por mi taller y recoger materiales para el trabajo del día siguiente. El trabajo era maravilloso, mejor de lo que podría haber esperado. Tenía trabajos reservados para el resto de ese año y mi negocio estaba en auge, finalmente, después de todos los años de escasez.

Al llegar a la intersección, estaba pensando en la diferencia entre el coche que conducía, un nuevo 4x4 Holden Rodeo, y el viejo UTE que casi había lanzado afuera del camino en Clyde hace dos años y medio. Me gustaba el Holden. Yo tenía cuarenta y un años de edad y era el primer coche nuevo que había tenido.

Cuatro segundos.

Miré por el espejo de al lado, detrás del camión de comerciante que estaba remolcando y sólo había un par de faros detrás de mí. Miré hacia adelante. Una camioneta blanca se acercaba a la intersección por la izquierda, por el lado de Coulter Drive. Iba bastante lento con bastante tiempo para detenerse en la señal de ceda el paso. Eso era bueno, porque no tenía tiempo para detenerme por él.

Tres segundos.

La camioneta estaba casi en la línea blanca, así que debía haberse ido deteniendo. No se movía muy rápido, apenas asomándose a la intersección.
Todavía pensaba que iba a parar, pero sólo siguió avanzando, como si no pudiera verme. Si pisaba los frenos, me habría deslizado directamente hacia el camión y matado a quien sea que condujera porque estaba justo enfrente de mí. Si me apartaba y el camión que estaba remolcando me golpeaba, habría sido mi fin.

Elegí.

La idea de ser responsable de matar a alguien era algo a lo que no podía enfrentarme, así que me aparté.

Dos segundos.

La camioneta blanca chocó con la esquina delantera izquierda de mi coche.

Al desviarme, el impacto empujó la parte delantera de mi coche aún más a la derecha, mientras que el camión, pesando al menos una tonelada, empujó la parte trasera de mi coche hacia adelante hasta que estaba en un ángulo recto a la dirección que estaba viajando. Las dos ruedas del lado izquierdo chocaron contra el bordillo de concreto mientras el camión se levantaba del suelo y se arqueaba hacia adelante, haciéndome girar de lado, mientras quebraba la supuestamente irrompible barra de remolque y salía volando lejos, botando materiales y herramientas en su paso.

Un segundo.

Mientras mi coche comenzaba su viaje por el aire, el tiempo pasó en cámara lenta. Debajo de mí, por el parabrisas, vi la grama en la mediana pasar por mi vista. Las caras de mis tres hijos pasaron frente a mis ojos y no pude evitar sonreír mientras revivía sus nacimientos y el momento en que habían abierto sus ojos por primera vez.
Me estaba despidiendo.
El suelo se acercaba e instintivamente levanté mi brazo derecho para proteger mis ojos mientras el tiempo volvía a la normalidad. Mi cabeza y brazo se estrellaron contra la ventana; mi brazo golpeó el suelo mientras el coche rodaba y...

El Regalo de Uriel

... de repente todo estaba en calma... no sólo en calma, pero pacífico de una manera que encuentro imposible de describir con palabras... se sentía como un estanque tranquilo al final de unos rápidos ruidosos, pero mucho, mucho más que eso...

Vi desde arriba mientras mi coche rodaba por última vez entre el polvo y los escombros, se tambaleó de lado a lado, luego se detuvo sobre sus ruedas. Miré hacia abajo a mi cuerpo físico todavía sujeto al asiento del conductor.

Jesús estaba viendo conmigo, al igual que un arcángel—un ser de luz que llegué a conocer como Uriel, y había otro que elegí para llamar Farronell. Los tres eran luz pura y, por un momento, me mostraron cómo me veía ante ellos, y me vi a mí mismo como luz pura también. No había diferencia entre nosotros.

Abajo, una mujer joven, la conductora de la camioneta blanca, temblando y aterrada, pero ilesa, fue retirada de su vehículo por otras dos mujeres y un hombre que se habían detenido en la escena. Se quedó allí temblando, sosteniéndose a sí misma y con el apoyo de las dos mujeres. Se veía aturdida y asustada, incapaz aún de comprender lo que había sucedido. Se quedó mirando aturdida a los restos de mi coche.

Las dos mujeres la consolaron mientras el hombre se acercaba a mi coche, entraba a través de la ventana rota y apagaba el motor. Vi cómo me registró en busca de signos de vida. Al no encontrar ninguno, se dirigió de nuevo a donde estaban las tres mujeres y dijo, "El otro conductor está muerto".

No se sintió para nada extraño ver a alguien declararme muerto.

Mientras observaba esta escena ante mí, Jesús, Uriel y Farronell me mostraron por qué estaba allí, donde me encontraba en esta vida y cómo se conectaba a las vidas pasadas y futuras. También me mostraron esta vida y todo lo que tenía para mí, pasado, presente y futuro.

Entonces se me dio la opción de quedarme con ellos o volver a mi vida como Edward Spellman. Se me dio la información requerida para tomar una decisión informada, con el entendimiento de que, si elegía volver a mi vida, perdería temporalmente algunas de las cosas que me habían mostrado ya que, si volviera con todo el conocimiento afectaría de forma perjudicial la manera con la que interactuaría con el mundo. Esos recuerdos se me regresarían con el tiempo, cuando mi mente fuera capaz de manejar la situación.

También, si elegía volver, no estaría con las manos vacías. Volvería con un regalo y la promesa de algo que me ayude a avanzar en la vida. Algo que yo entendería al instante y sin embargo mi entendimiento al respecto se profundizaría con el tiempo.

Elegí volver.

Y me desperté con una visión de mi línea de vida acompañada de una promesa, y con inmenso dolor.

La visión y la sensación de esos tres seres permanecieron cuando me encontré a mí mismo de nuevo en el coche. Era tan simple, pero tenía tanta esperanza para el futuro. Supe al instante que, aunque estaba desplomado y lastimado y mi negocio estaba hecho pedazos con la extensión de estas lesiones, todo estaría bien.

La visión mostró mi vida hasta el accidente como una línea que corre paralela a un borde, el accidente como un garabato, y mi vida después del accidente como una línea que corría en una dirección completamente diferente.

El Regalo de Uriel

Acompañando a la visión de mi línea de vida estaban esos tres seres— ¿seres de Luz?

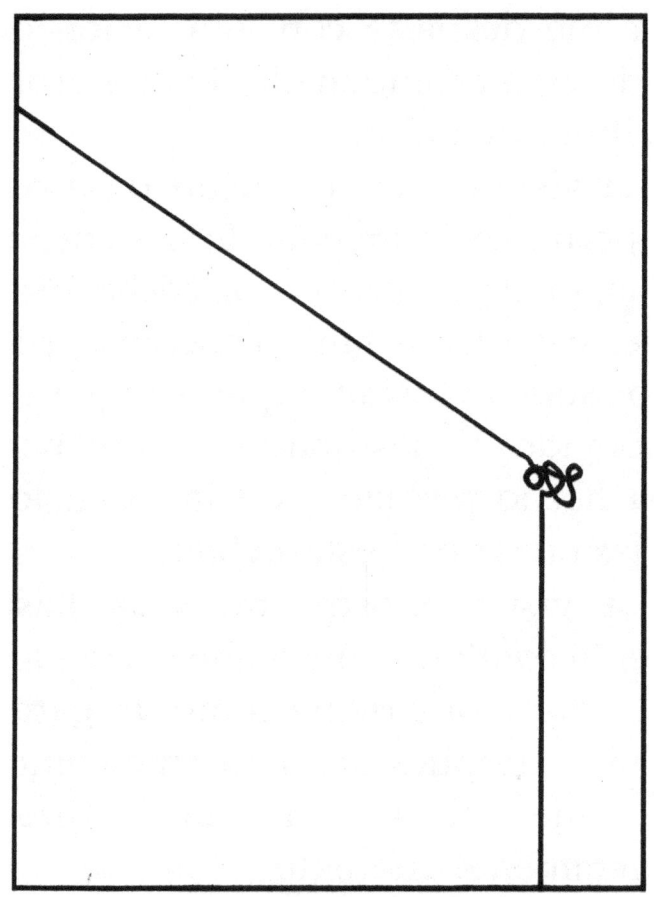

Mi línea de vida
por Edward Spellman, 2016.

Aún en el coche, traté de entender lo que eran... ¿conciencias de Luz? Todos se sentían conocidos, como si debiera haber sabido sus nombres, nombres que estaban en la punta de mi lengua.

Quien quiera que fueran, sabía que la visión de la línea de vida, y la promesa y esperanza que la acompañaba procedían de ellos, y, sin embargo, también me hicieron sentir incómodo por quiénes eran y todo lo que significaba para mi percepción de la realidad.

En ese momento en el coche, me di cuenta que mi brazo derecho colgaba a mi lado y mientras el dolor era intenso en todas partes, no podía sentir mi brazo en absoluto.

Apaga el motor, pensé que a través del dolor.

Qué raro; está apagado.

Extrañas visiones de un hombre caminando hacia mi coche, entrando a través de la ventana rota, y apagando la ignición volvieron a mi mente. Me pregunté cómo podía haber recordado ver a alguien inclinarse y apagar el motor, y más aún, lo recordaba como si lo hubiera visto desde arriba cuando todavía estaba sentado en el coche.

Todo dolía, incluso respirar. Mi mente flotaba entre la visión, rezar porque la ambulancia llegara, y viceversa.

Otro recuerdo flotó a mi mente. Palabras, lejos a la distancia, cada vez más cerca, ¿qué decían?

"El otro conductor está muerto."

¡Oh, mierda! He matado a alguien. Lágrimas rodaron por mis mejillas y se mezclaron con mi sangre.

Saca cuentas, me dije. *Haz brindado primeros auxilios durante años y sabes que no debes moverte ya que acabas de tener una lesión en la cabeza, pero puedes tensar los músculos sin moverte para ver cuánto daño hay.*

Okay, dedos de los pies primero.

Si podía mover los dedos del pie, significaba que mi espalda no está rota. Así que tentativamente moví los dedos de los pies y no había un dolor específico. Eso era bueno.

Entonces suave y lentamente, tensé mis pies. No había dolor por eso...

Entonces rodé los tobillos tanto como pude sin mover el resto de mis piernas, presioné las plantas de los pies en el suelo y poco a poco tensé los músculos de mis pantorrillas, seguido de los muslos y nalgas sin causarme ningún dolor.

Fue un alivio no encontrar nada dañado debajo de la cintura, así que continúe. Moví los músculos de mi estómago y expandí mi pecho. Mi estómago se sentía bien, pero mi pecho dolió cuando traté de respirar profundo... pero respirar superficialmente estaba bien.

Moví mi mano izquierda y mis dedos. No había problema. Probé el brazo izquierdo y también estaba bien.

Mi brazo derecho comenzó a sentirse cálido y húmedo a través del dolor mientras colgaba al lado del asiento. No podía moverlo en absoluto. Tomé mi muñeca derecha suavemente con mi mano izquierda y la moví lentamente a mi regazo para apoyarla. Eso dolió. Se sentía destrozado. El lado derecho de mi cabeza dolía y mi oído derecho también se sentía como si hubiera sido arrancado. El lado derecho de mi cuerpo estaba empapado en sangre por los cortes a lo largo de mi brazo, cuello y cabeza.

Anhelaba la ambulancia.

Lágrimas cayeron cuando volví a pensar en el otro conductor que murió.

Sirenas chillaron en la noche y se desvanecieron. Frenos sonaron.

Recé a través del dolor porque fuera la ambulancia mientras continuaba a respirando lenta y constantemente y sostenía el codo derecho con la mano izquierda.

Todavía no había abierto los ojos.

Puertas de coches se cerraron de golpe y oí gente corriendo.

Alguien gritó: "¡Sáquenlo de allí!"

Gracias a Dios, pensé, *están aquí. Tan pronto como saquen al otro conductor, vendrán por mí.*

Entonces, una barra de hierro chocó contra la puerta de mi coche.

Una voz urgente e insistente volvió a gritar, "¡Sáquenlo!"

Abrí los ojos y dije: "Saquen al otro conductor primero. Estoy bien."

Luego hubo un repentino momento de silencio seguido por la misma voz, sorprendida esta vez: "¡Está vivo! ¡Sáquenlo de ahí!"

El Regalo de Uriel

La barra de hierro chocó contra la puerta una y otra vez hasta que la puerta se desgarrado.

Pregunté: "¿Cómo está el otro conductor?"

El oficial de la ambulancia dijo: "No se preocupe por el otro conductor. ¿Está bien? ¿Puede moverse?"

"Sí, me puedo mover."

"¿Cree que pueda salir con nuestra ayuda?"

"Sí."

"Primero vamos a ponerle este cuello ortopédico."

"¿Cómo está el otro conductor?" pregunté de nuevo.

Haciendo caso omiso a mi pregunta, dijo, "Sólo muévase lentamente y salga del coche. Nosotros le ayudaremos. ¿Cree que pueda caminar a la ambulancia con nuestra ayuda?"

"Sí, puedo hacerlo. ¿Cómo está el otro conductor?" pregunté de nuevo mientras caminábamos hacia la ambulancia.

"El otro conductor está bien. Sólo siga caminando."

Necesitaba saber cómo estaba el otro conductor – todavía estaba preocupado por haber matado a alguien.

"Tenemos que llevarlo a la ambulancia; sólo siga caminando."

"¡No!"

Me detuve y planté mis pies obstinadamente en el suelo lo mejor que pude, todavía escuchando esas palabras resonando en mi mente. "El otro conductor está muerto." Necesitaba verlo por mí mismo. "No voy a ninguna parte hasta que me lleve con el otro conductor."

Podía oír la frustración en sus voces cuando se dieron cuenta que no me movería hasta que viera al otro conductor.

"¡No irá a ninguna parte! Sólo quédese aquí y la traeremos con usted. "

Era joven, de unos veinte años, tal vez. Sus ojos estaban muy abiertos y asustados y había lágrimas en su rostro. Tenía un brazo en un cabestrillo y la sostenían dos mujeres.

Tan pronto vi su expresión, sabía que ella pensaba que me había matado, al igual que pensé que la había matado.

"¡Está bien!", dije. "Estoy bien. Fue sólo un accidente. No fue culpa de nadie." Miré hacia el brazo que estaba en el cabestrillo y le pregunté. "¿Estás bien?"

Incapaz de hablar por la conmoción, ella asintió.

El oficial de la ambulancia vio mi preocupación y dijo: "El cabestrillo es sólo una precaución."

Estaba feliz entonces. Dejé que me llevaran a la ambulancia y me senté en la parte trasera.

Sentado allí, mirando en dirección de los restos de mi coche, empecé a reír, lo que causó más dolor.

"Consíguele una manta," el oficial de ambulancia dijo a su compañero.

"Está bien. No necesito una manta."

"Sí la necesita. Está entrando en estado de shock."

"¿Qué le hace pensar que estoy entrando en shock?"

"Se está riendo. Eso no tiene sentido ".

Sonreí y señalé, con mi mano izquierda, más allá de los restos del mayor desastre de mi vida... mi coche, mi remolque lleno de materiales de trabajo. "Acabo de salir de eso."

Eso lo apaciguó, pero yo no estaba mirando el accidente. Estaba mirando en esa dirección y seguía viendo la visión de mi línea de vida. Estaba pensando en los tres seres y la promesa que venía con ellos.

El Regalo de Uriel

Lo que también me hizo reír fue que a pesar que mi negocio yacía destrozado frente a mí, y no podía ver ninguna manera de salvarlo, ya que dependía de mí haciendo el trabajo físico, que de alguna manera no importaba. Estaba vivo.

Mientras estaba sentado en la parte trasera de la ambulancia, los oficiales me introdujeron al silbido de dolor. No sabía lo que había en esa cosa, pero me alegré de que lo tuvieran. Mientras respiraba a través del silbato, el dolor se desvaneció y comencé a preguntarme qué deparaba mi futuro. Pensé que iba a despertar al día siguiente y todo iba a ser diferente.

Me llevaron al hospital por radiografías, vendajes, suturas e pasar luces por mis ojos. Por lo general no me gustan los doctores pero esa noche estaba feliz de dejar que ellos hicieran lo suyo.

Sorprendentemente no tenía ningún hueso roto, sólo mucho daño en los tejidos blandos y la sensación empezó a regresar a mi brazo derecho.

Esa noche llegué a casa a las 11:00. Los médicos sólo me dejaron ir a casa con la condición que mi novia de aquel entonces, una enfermera, se quedara conmigo durante la noche.

Me quedé dormido mirando la visión de mi línea de vida y considerando la promesa. Esta promesa no era como *Prometo no comerme el último pedazo de pastel*, o, *Prometo limpiar mi habitación*.

Era más una promesa como el primer rubor de color carmesí en el horizonte es la promesa de un nuevo amanecer, y ese nuevo amanecer promete un nuevo día lleno de maravillas y amor y diversión. Prometía algo mágico, y prometía algo nuevo y diferente de una manera que se sentía como una sonrisa.

Mientras yacía ahí, la promesa se apoderaba de mí y me sostenía, al igual que

El Regalo de Uriel

lo haría por el resto de mi vida. La promesa me hizo avanzar.

Capítulo 2

Hojas Rojas en la Distancia

Me desperté la mañana siguiente para ver una vista aérea del accidente y mi línea de vida repetirse en mi mente con los tres 'seres de Luz' en presencia; la promesa brillando.

No vi la colisión en sí: empezó con mi coche ya rodando. Se detuvo y poco después un hombre se acercó al accidente, entró a través de la ventana rota y apagó el motor. Él me registró por señales de vida y luego regresó donde estaban tres mujeres, dos sosteniendo a otra entre ellas y dijo: "El otro conductor está muerto"

Me pregunté por qué seguía viéndolo. Yo era el otro conductor y por lo que podía ver, no estaba muerto.

Tres seres de Luz me pasaron por la mente.

¿Qué es lo que quieren?

Traté de empujar a la memoria de ellos y la sensación que tenía de sus identidades al fondo de mi mente. Encontré sus aspectos confrontantes por lo que me aferré con fuerza a la visión de mi línea de vida y la promesa; las cuales me dieron una sensación de calma y que todo estaba bien con mi vida.

Yo sabía que tenía que idear a un plan. Primero me deshice de todo mi trabajo, porque no sólo estaba herido y había perdido mi coche y el remolque, quería estar listo para asumir la nueva dirección que me fue prometida por los seres de la Luz.

Pasaron unos días y continué rechazando trabajo, aunque varios de mis clientes constructores no estaban contentos conmigo.

En el cuarto día después del accidente, el dolor golpeó con fuerza y tuve que empezar a usar los analgésicos que me dieron en el hospital.

No pude salir de la cama en la mañana del quinto día hasta media hora después de tomar los analgésicos, y luego tomó toda mi energía sólo ir al baño y tomar un vaso de agua. Pasé la mayor parte del día tratando de no moverme.

En los posteriores después al accidente, mi novia comenzó a actuar un poco extraño, a pesar que nunca le dije sobre mi experiencia. Ella me continuó llamando y preguntando: "¿Quieres terminar conmigo?"

Le aseguré que yo no quería terminar con ella y ella se calmó y tuvimos una buena charla.

La noche siguiente, sin embargo, preguntó de nuevo. Fue confuso ya que mi cabeza todavía daba vueltas por el accidente, la visión de la línea de vida, el dolor, tres seres de Luz, la promesa y más dolor si hacía cosas como respirar o moverme.

Además de eso, algunos de los constructores habían empezado a perseguirme para trabajar para ellos. Les dije que no podía porque estaba lesionado; no les dije que no quería hacerlo porque había tenido una visión de mi línea de vida que había mostrado mi vida tomando una dirección completamente diferente.

Para distraerme de los constructores y mi novia, entré en contacto con una amiga en Perth que había conocido el año anterior en un viaje a camello en el desierto de Simpson y le envié unas fotos de mi UTE destrozado.

Mi novia llamó de nuevo. "¿Quieres terminar conmigo?"

"No, por supuesto que no", le contesté.

No estaba seguro de lo que estaba pasando. Mi novia me estaba acosando y la visión de mi línea de vida se burlaba de mí en cada momento, incluso mientras estaba dormido. Todavía no estaba listo para decirle a alguien lo que me había sucedido, ya que estaba teniendo problemas para aceptarlo yo mismo.

Mientras mi novia preguntaba ansiosamente por nuestra relación y yo trataba de tranquilizarla, también estaba tratando de hacer frente a las implacables visiones.

El Regalo de Uriel

Un constructor llamó a mi puerta. Cuando contesté, exigió que hiciera un trabajo que había aceptado hacer por él antes del accidente. No entendía que era incapaz en ese momento. Mi cuerpo dolía; todo dolía.

Mi novia llamó de nuevo buscando tranquilidad.

Visiones de mi línea de vida me perseguían; la promesa me acechaba y se burlaba de mí.

Otro constructor llegó a la casa.

Mi novia llamó de nuevo a pesar de haberle asegurado en repetidas ocasiones que no quería que nuestra relación terminara.

Estaba bastante seguro que me estaba volviendo loco cuando recibí una invitación de la amiga en Perth a la que le había enviado las fotos. Me invitó a ir por diez días de R & R, así que reserve mis vuelos.

Mi novia llamó. "¿Quieres terminar conmigo?"

Para ese entonces, estaba harto. "Por el amor de Dios, ¡sí!", dije y colgué el teléfono.

Ella volvió a llamar. "Necesitamos hablar. Tenemos problemas ".

"Tú tienes problemas. Adiós." Colgué y desconecté el teléfono.

Y me fui a Perth.

¿Estaba huyendo?

Pueden apostar que sí.

Necesitaba sentirme seguro y la distancia era lo que deseaba. Perth era lo más lejos que podía ir y seguir en el mismo país.

Necesitaba tiempo para pensar. Necesitaba tiempo para tratar de resolver lo que estaba ocurriendo.

Pasé diez días de turismo en Australia Occidental con una amiga y tuve la oportunidad de respirar; reflexionar y comprender todo lo que había sucedido.

La visión de la línea de vida todavía me consumía, a pesar de que no se lo mencioné a mi amiga, pero hice mi mejor esfuerzo para lidiar con ella.

Me dijo que mi vida iba a cambiar de dirección y que esa dirección sería la experiencia más positiva, próspera y llena de alegría, pero no tenía ni idea de cómo llegar allí.

Dos meses pasaron y la elusiva nueva dirección se mantenía fuera de alcance. No había puesto ningún esfuerzo en volver a trabajar porque estaba esperando mi nueva dirección, pero no vino. Decidí que era mejor hacer algo mientras esperaba.

Compré una Nissan Patrol 4x4 de segunda mano y tenía otro remolque listo con mis especificaciones para que pudiera al menos parecer estar haciendo algo constructivo y tratando de ganarme la vida, a pesar de que mi corazón no estaba en ello.

Todavía no le había dicho a nadie acerca de la visión. Yo ya pensaba que estaba loco, así que ¿por qué los demás pensarían diferente? Y, sin embargo, a pesar de pensar que estaba loco, todavía creía tanto en la visión como en la promesa.

Para mi primer intento de volver a trabajar, hice un trabajo pequeño. Lo que antes habría tomado una hora o dos a lo mucho, me llevó un día completo y una semana para recuperarme del dolor físico.

A pesar de intentar hacer caso omiso a la visión y su promesa para poder volver a trabajar, me encontré con la mente continuamente ocupada con posibilidades de la nueva dirección que se me mostró.

Traté de hacer un poco de tai chi, pero rápidamente descubrí que mi equilibrio se disparó y todos mis músculos estaban fuera de sincronización. Ni siquiera podía levantar los brazos por encima de los hombros.

El Regalo de Uriel

Mi abogada me pidió que llevara un diario para mi reclamo de seguro. Ella dijo que, si podía demostrar que yo estaba empeorando en lugar de mejorar, obtendría una considerable cantidad de dinero. La idea era escribir en mi diario todos los días que me sentía peor, y más dolor, de lo que me había sentido el día anterior.

Traté de hacerlo durante unos diez días, y mi abogada estaba en lo cierto. Me hizo sentir peor cada día, así que me detuve y pensé por un momento y entonces tiré ese diario en la papelera donde pertenecía y compré uno nuevo.

A la mañana siguiente hice mi primera entrada en mi nuevo diario. "Hoy me siento un poco mejor que ayer."

Continúe haciéndolo por diez días y todos los días, me sentí un poco mejor.

Eso fue suficiente para creer que podía hacerme sentir mejor o peor, por lo que el diario se fue de la misma manera que el otro, y decidí hacerme sentir un poco mejor cada día. Funcionó, aunque mucho más despacio de lo que quería.

Cada vez que hacia un trabajo, podía trabajar un poco mejor. Mi cuerpo dolía un poco menos y mi recuperación era un poco más corta, pero yo todavía estaba muy lejos de ganarme la vida. Sólo estaba haciendo pequeños trabajos y tenían que ser pequeños, simples y dentro de mis limitaciones físicas. A menudo rechazaba algunos muy buenos trabajos porque simplemente no era capaz en ese momento.

La Navidad vino y se fue, y luego eran las 3 a.m. en el día de Año Nuevo.

Había trabajado el día anterior y salido por la víspera de Año Nuevo con un amigo. Yo no bebí porque estaba conduciendo y estaba agotado.

Después de las celebraciones, dejé a mi amigo en su casa y me fui a la mía. Cuando llegué, entré a la casa, pero no encendí ninguna luz. Fui directamente a la cama y me senté en el borde; respiré profunda y lentamente y disfrute del silencio antes de dormir.

Mientras estaba sentado allí en la oscuridad con los ojos cerrados, respirando lentamente, preguntas corrieron a través de mi mente. La visión de mi línea de vida apareció de nuevo junto con su promesa.

¿Quién soy?

¿Por qué estoy aquí?

¿Qué me está pasando?

Tomé otro aliento, y mientras exhala, vi con los ojos cerrados, lejos en la distancia y apenas perceptible, un grupo de pequeños puntos rojos dispersos en un cuadrado. Me recordó a una ventana en una pared distante vista en la noche. No podía ver ningún patrón, sólo que los puntos se dispersaban a través de un tosco cuadrado alrededor de la mitad del tamaño de un sello postal.

Curioso, intenté echar un vistazo más de cerca. Respiré profundamente, me relajé un poco más, y permití que mi conciencia fuera hacia ellos; pero los puntos se retiraron casi fuera de la vista. Intenté tres veces más con el mismo resultado.

Dejé de tratar de acercarme y sólo me relajé, preguntándome cómo conseguir ver los puntos rojos más de cerca, sobre todo porque se sentía como si quisieran que lo hiciera. Entonces, en un impulso - ¿o escuché una voz sugerirlo? – intenté lo contrario.

Una vez más respiré profundo y permití que mi conciencia cayera, pero esta vez sobre mí mismo y lejos de los puntos rojos. El efecto fue inmediato, y un poco extraño ya que se sentía como si mi conciencia se dividiera en dos. Una parte cayó sobre mí, que era como caer en un vacío que no contenía nada y, sin embargo, todo al mismo tiempo. La otra parte se quedó dónde estaba y los puntos rojos se precipitaron hacia adelante para llenar mi campo de visión.

Vi un cuerpo de agua clara y quieta y esparcidos por toda su superficie estaban los puntos rojos, que ahora veía que eran hojas rojas. Era extraño, pero reconocí las hojas. Eran las hojas de un árbol de olmo chino, uno de mis árboles favoritos, pero nunca había visto sus hojas de ese color.

En el centro de la piscina y sólo un poco por debajo de la superficie, había un hermoso rostro, andrógino, de oro. Yo sabía que tenía algo que ver con, o era, de alguna manera, Jesús, mientras que, al mismo tiempo, era mucho más que eso.

Mientras observaba, moléculas de vapor de agua se unieron encima de la superficie. Pronto, la gota que se formó se volvió demasiado pesada para quedarse donde estaba y se liberó para realizar su inevitable viaje. La caída golpeó el agua directamente sobre el rostro dorado enviando ondas a través de toda la superficie del estanque. Mientras observaba esa gota tomar forma y caer, se sentía familiar, pero de una manera que yo no entendí al principio. Se sentía muy personal.

Entonces, de repente, entendí: yo era la gota.

Mientras me quedaba dormido me olvidé de las tres preguntas que había tenido antes de ver la visión.

En su lugar, me pregunté qué significaba esta visión y lo que tenía que ver con la visión de mi línea de vida.

El Regalo de Uriel

Capítulo 3

El Caballero Negro

En la mañana, pensé en la visión que vi justo antes de acostarme. Entendí un poco de ella y sabía que yo era la gota. También estaba empezando a preguntarme si todo esto tenía algo que ver con ser golpeado en la cabeza y si algo estaba mal conmigo.

No sabía qué era el agua – todo lo que sabía era que no tenía fin en amplitud y profundidad. Me pregunté de nuevo por qué estaba viendo cosas raras como ésta.

Reconocí las hojas, aunque eran de un color que nunca había visto en esos árboles en particular, no tienen colores de otoño.

¿Jesús? ¿Qué...? Ni siquiera estaba seguro de si creía en Jesús, así que ¿cómo podría tener una visión que me recuerde a él?

Vi la gota formarse y caer, y luego liberarse de todo lo que la estaba reteniendo y partió en un viaje que era natural e inevitable. Además, la gota cayendo en el cuerpo de agua significaba el regreso a su origen.

Cuando la gota cayó en el agua, creó olas a través de toda la superficie.

Investigué un poco sobre el olmo chino y vi que se había extendido a todos los continentes excepto la Antártida. No tenía idea de cómo eso podía ser relevante.

No sabía lo que representaba el rostro de oro, excepto que tenía algo que ver con Jesús y era muy importante. Sentí que las hojas de rojo sangre simbolizaban algo que ver con mi ADN.

Nada de esto parecía decirme algo acerca de la nueva dirección que estaba buscando, sin embargo, y si lo hacía, no lo entendía.

Sentía que me faltaba algo.

Me pregunté sobre el significado del vacío dentro de mí mismo, y también acerca de la visión alejándose mientras trataba de acercarme. Cuando trataba de acercarme, se retiraba. Eso se sintió como algo externo, como si estuviera ocurriendo fuera de mí mismo. Entonces, cuando invertí lo que estaba haciendo, y traté de caer sobre mí mismo, todo se despejó y se acercó.

Me di cuenta que tenía que mirar en mi interior para encontrar lo que fuera que estaba buscando.

Supongo que habría ayudado un poco si hubiera sabido lo que estaba buscando.

El Regalo de Uriel

Después de pasar las siguientes tres semanas tratando de comprender mis visiones, decidí aceptar la oferta de una amiga de quedarme con ella. Había estado allí quizá dos días, cuando su hermana, Kelly, me pidió que le diera un aventón a su trabajo de niñera.

Estábamos en camino, cuando, de repente, además de estar consciente de conducir, el sonido del motor del Nissan, el aire acondicionado, los otros coches, las tiendas que pasamos y todas las cosas que vi en la calle concurrida, mi realidad se superpuso y se integró con otra; otro cuerpo, otro tiempo. Ninguna realidad era más dominante que la otra. Estaba simultáneamente tanto ahí como aquí, ahora y entonces.

El sol de primavera llenó el campo a mi alrededor mientras una suave brisa movía la hierba y besaba el nuevo crecimiento en los antiguos robles. Me senté a horcajadas en un caballo negro que flexionó sus músculos debajo de mí, sentí su pecho expandirse cuando inhaló, resopló y tiró de las riendas. Sus pezuñas batieron el suelo fértil del borde del bosque; estaba ansioso por correr, pero nos contuvimos; un aire de anticipación impregnaba la arboleda donde un grupo esperaba. Una docena de jóvenes guerreros me rodeaban, montados, listos. Yo era parte de un grupo de jinetes que estaban vestidos en tela hecha en casa y cuero. Ninguno de nosotros llevaba armas, ni llevaba ninguna armadura, y sin embargo no había nadie entre nosotros que normalmente saliera ileso, ya que éramos guerreros. Cada uno de nosotros con propósito en la línea de árboles al otro lado de la pradera.

 A través de los árboles a mi izquierda, vislumbré una feria de primavera. La risa y los olores de animales y alimentos frescos cocinados flotaban en el aire.

Respiré y vi mi cuerpo joven, muscular, preguntándome cómo podría ser yo mientras sentía una sensación de calma sobre lo que sentía.

A unos veinte pasos de distancia, un grupo de hombres y mujeres estaban vestidos en atuendo medieval como nosotros, viendo un juego desenvolverse. Sentí que mi corazón se aceleraba. La sangre corría por mis venas y sentí un tono muscular en mi cuerpo que no había sentido desde hace años, si es que alguna vez, en ésta vida.

Aquellos que observaban hablaban entre sí, compartiendo su atención entre los hombres jóvenes a caballo y los árboles en el otro lado de un campo sembrado de flores silvestres de color malva, amarillo y blanco, reluciendo con rocío en el sol de la mañana.

Cerca, un niño de nueve años de edad lleva una cerda, una cuerda ligera atada alrededor de una de sus patas traseras, media docena de lechones le seguían, nunca lejos de su madre. Él sabía que no debía de estar aquí y, sin embargo, no pudo resistir un echar un vistazo más de cerca a sus héroes.

Podía oler los caballos, los hombres y la tierra fresca removida mezclado con el aroma de las flores. Podía saborear la tierra en mi lengua. Una rama crujió en el viento. Las hojas se agitaron. Una de las mujeres rio con el corazón.

Un grupo de doncellas surgieron de los árboles que bordeaban el otro lado de la pradera y las observamos. Su grupo era igual en número que el nuestro. Una doncella, en el extremo derecho del grupo llamó mi atención. La vi hablando con sus acompañantes, riendo, acercándose poco a poco.

Caminaba alta y orgullosa. Su cabello dorado en trenzas que llegaban hasta su delgada cintura, sus largas faldas estaban enganchadas entre sus piernas y a través de un cinturón en la cintura al igual que las faldas de sus compañeras, para facilitar correr en ellas; tenía una capacidad atlética natural y flexibilidad que hacía que mi corazón cantara.

Cuando las mujeres aparecieron, parecían no estar conscientes de nosotros; se reían y hablaban mientras caminaban hacia la pradera abierta.

De repente nos notaron por primera vez y una de ellas dejó escapar un grito ululante que fue escuchado por todo el grupo. Entonces, con un grito de desafío y reto en sus voces, todas se voltearon y huyeron. Al igual que una manada de ciervos que habían reconocido la caza, se dispersaron.

Esas hermosas doncellas eran rápidas, y más rápida que todas, la que llamó su atención. En el instante que las jóvenes mujeres dieron la advertencia, espuelas se clavaron en las costillas de los caballos y terrones de tierra blanda de color negro volaron de cascos a medida que se lanzaban hacia delante. Gritos de batalla llenaron el aire. Al instante, mi caballo negro saltó hacia delante. Él conocía bien este juego; guiado solamente por mis rodillas, se lanzó a la persecución.

Cada uno de esos jóvenes guerreros estaba enfocado en una doncella diferente. Las jóvenes corrían a toda velocidad a través de la pradera abierta sin mirar hacia atrás hacia la protección de los árboles.

Mientras galopaba hacia mi elegida, me incliné a mi lado izquierdo, enganchando el brazo y cuando estuve detrás de ella y a su lado, di mi señal. Ella saltó y giró a su derecha, enganchando su brazo izquierdo en el mío, y se subió detrás de mi silla de montar con facilidad.

Fue entonces que Kelly dijo, "Déjame un poco después del próximo poste de teléfono. Es esa casa de ladrillo rojo a la izquierda."

Orillé el Nissan a un lado de la carretera.

"Okay, ¿necesitas que te recoja después del trabajo?

"No, gracias. Iré yo sola. Nos vemos. Adiós."

Mientras Kelly salía del coche me di cuenta de que ella no había visto nada de lo que yo vi, aunque para mí fue muy real y sólido como estar sentado en el coche.

Muy bien. Entonces, ¿qué acaba de ocurrir? ¿Cómo es posible estar en dos lugares, y en dos tiempos, a la vez?

Entonces me pregunté cómo podía estar tan tranquilo cuando era más que obvio que había perdido la cabeza.

Pensé que se suponía que era imposible estar en dos lugares, y mucho menos en dos tiempos a la vez. Aparentemente no, ya que acababa de pasar.

Quien sea que yo era en ese tiempo, estaba mucho más en forma. Podía sentir la sangre en mis venas. Sentí el aire moverse por mis pulmones. Sentí el caballo entre las piernas, mientras que, en esta vida, los caballos y yo no estábamos muy familiarizados. Entonces, nací para la silla de montar. No se sintió para nada como si estuviera en el cuerpo de otra persona, se sentía como si fuera yo.

Pero no podía hacer que tuviera sentido, incluso mi reacción tranquila me desconcertó, ya que era, de nuevo, algo fuera de todo lo que recordaba experimentar. Por otra parte, vi esa visión con las hojas de color rojo, la visión de mi línea de vida, y los tres seres de luz desde arriba del accidente de coche del que no hablé.

El Regalo de Uriel

En el fondo de mi mente, guardé todas las experiencias que eran incómodas: las que me hacían dudar de mi cordura.

Capítulo 4

Buscando al Caballero Negro

Durante el viaje de regreso a Canberra desde Cooma el día siguiente, seguí repitiendo una pregunta en mi mente: *¿Quién es el caballero negro?*

Lo llamé el caballero negro porque su pelo, ropa y caballo eran negros. ¿Cómo es que *lo que sea que eso fuera* sucedió? ¿Por qué sucedió? Y quería saber quién era él.

Al llegar a Canberra, crucé el lago Burley Griffin en Kings Avenue Bridge, y luego giré a la izquierda en Parke's Way, lo que me hubiera dado un tramo recto casi

El Regalo de Uriel

todo el camino a casa. Entonces oí esa suave voz en el fondo de mi mente.

Toma la siguiente a la derecha.

Así que tomé la siguiente a la derecha en la calle Coranderrk. No estaba seguro de por qué había seguido las instrucciones, pero lo hice.

¿Ahora qué? Pregunté e inmediatamente vi la imagen de una mujer con largo cabello rubio y liso de pie detrás de una vitrina de cristal con una caja registradora.

La recordaba; la había visto el último año mientras pasaba por el carrusel en el centro de la intersección de las calles Bunda y Petrie en Civic. Recordé ver a través de la puerta de una tienda mientras pasaba y vi a la mujer que se me mostró, aunque nunca había estado en esa tienda en particular y nunca la había conocido.

Estaba entretenido al tener direcciones en mi mente, así que las seguí y me dirigí hacia el estacionamiento de Griffin Center. Fue un corto paseo por Garema Place y la calle Bunda hacia la tienda que acababa de ver.

Al llegar donde estaba la tienda, se había ido.

Entonces me pregunté si no debería escuchar las suaves voces en el fondo de mi mente. No parecían saber de lo que estaban hablando.

Una imagen de un café que me gustaba me vino a la mente así que decidí que compraría un café en vez de buscar a alguien que podía o no existir.

Me di la vuelta y volví a Garema Place, viendo escaparates a lo largo del camino.

Caminé lentamente y vi una alcoba con una escalera que llevaba al primer piso. Una vitrina de vidrio colgaba de la pared que contenía cristales, joyas y cartas de tarot.

Sin ninguna intención en particular, subí las escaleras preguntándome qué había allí. Por la primera puerta, encontré cristales, joyas, cartas del tarot, ropa y mucho más y todavía me hacía gracia seguir éstas instrucciones. Miré algunos cristales y me pregunté las propiedades que se les atribuían.

Alguien se encontraba en el mostrador y estaba consciente de la persona fuera de mi visión periférica pero no había mirado en esa dirección. No hice contacto visual con los vendedores a menos que quisiera comprar algo.

Estaba a punto de ir por mi café cuando una amable voz femenina me preguntó: "¿Hay algo con lo que te pueda ayudar?"

Me volteé hacia la voz con mi educado, No, gracias, en la punta de mi lengua, pero no llegó a más porque estaba viendo exactamente a quien había visto en el coche.

¿Ahora qué? Me pregunté.

La mujer con el pelo rubio se puso delante de mí y no pude evitar preguntarle, "¿Tenías una tienda abajo cerca del carrusel?"

"Sí, me mudé aquí el año pasado."

Entonces ella dijo la cosa más extraña. "¿Cómo va tu libro?"

Me quedé aturdido. "Um, no estoy escribiendo un libro. No sé nada sobre escribir." Toda la idea de escribir un libro me puso más incómodo; me asustó.

Ella me miró con una pequeña medio sonrisa como si supiera algo que yo no y dijo, "Lo harás. Puedo verlo en tu aura."

Al salir de allí, habiendo olvidado por completo el café, pensé, *¡Yo! Escribir un libro. ¡No lo creo! ¿Quizá sólo esperaba hacer una venta?*

El Regalo de Uriel

Durante las próximas semanas, el jinete negro estaba constantemente en mi mente.

La noche de un viernes, cerca de tres semanas después de haber encontrado esa tienda, el trabajo estaba terminado y que era tiempo de relajarse. Me pregunté si debería ir por una botella de vino para tomar con el filete que tendría para la cena.

Estaba sentado allí, viendo las noticias mientras un agujero en el tiempo y el espacio se abría donde había estado la televisión.

Los cabellos de mi nuca se levantaron mientras me estremecía y palabrotas a medio terminar salían de mi boca abierta. "¡Oh mier-! ¡Oh Dio-! ¡Oh Je-! ¡Oh, mierda! ¡No él! Por favor, por favor, por favor, ¡no él! ¡Quien sea menos él! ¡Oh mieerda! ¡No sucedió! ¡No sucedió! ¡No sucedió!"

El tiempo y el espacio se abrieron en mi sala de estar. Ya no estaba viendo las noticias. Estaba mirando a un muchacho joven, tal vez de seis, de cuclillas en una esquina, de espaldas a mí, en el taller de su padre, jugando con un par de piezas de madera.

Y sabía. Sabía en lo profundo de mi alma quién era.

Fue lo más aterrado que había estado en mi vida, me dio un dolor de cabeza al instante y los músculos en mi espalda y cuello se tensaron y atrofiaron con el miedo.

Cuando el momento terminó, me pregunté por qué me estaba persiguiendo y qué había hecho mal. Recordé cuando tenía doce años y me quité mi crucifijo y lo guardé en un armario porque no recibí lo que quería para mi cumpleaños. Lo había culpado porque le había orado por eso.

Me pregunté si estaba enloqueciendo. Me pregunté si debí decirle a alguien o debí guardármelo todo para mí.

Para distraerme, me enfoqué en otras cosas. Pasé todas mis horas despierto tratando de averiguar lo que estaba pasando mientras trataba de olvidar esa noche del viernes. Fui al centro comercial local pensando que podría ver una película. Al pasar algunas tiendas, pasé por un grupo de psíquicos haciendo lo suyo.

Me reí ante la idea de buscar respuestas con ellos, siendo tan escéptico. Caminé despacio, pensando en si podían ayudarme o no, luego diciéndome a mí mismo que no fuera estúpido.

Había seis lectores psíquicos, cuatro mujeres y dos hombres. Algunos de ellos estaban tratando de captar la atención de un cliente. Uno de los hombres y una de las mujeres repartían sus cartas, mirándolas, leyéndolas supongo, luego reuniéndolas y haciéndolo de nuevo.

Edward Spellman

Pasé por delante sin parar y pensé, *¡Argh! Es una tontería. No seas tonto. ¿Cómo podrían saber sobre el caballero?*

Caminé por un lado del centro comercial en dirección al cine, crucé al otro lado de la explanada, y me regresé al otro lado y fui con los lectores del tarot. Me sentí atraído a ellos.

Volví a pasar frente a ellos, aunque esta vez una mujer repartiendo cartas llamó mi atención. Me dije de nuevo que no fuera un tonto y me apresuré para alejarme.

Tan pronto me detuve, mi curiosidad me superó, y me regresé. Esta vez le pregunté a la mujer que había llamado mi atención, "¿Cuánto por una lectura?"

"Veinte dólares por quince minutos."

"Está bien."

Así que me senté para una lectura del tarot.

Después de darle sólo mi primer nombre y fecha de nacimiento, esperé para ver dónde nos llevaría.

Ella me dio información que no debería haber sido capaz de darme, por lo que tuve que reevaluar mi opinión de los psíquicos. La información que brindó no dejó lugar a duda que ella tenía una visión diferente del mundo.

La psíquica, desconcertada, me dijo que ella me vio en un camello vestido de color caqui y con un sombrero de camuflaje. "¿Tal vez fuiste un soldado en una vida pasada?"

Pero ella describió mi viaje en camello a través del desierto Simpson del centro de Australia un par de años antes. Durante la caminata, me había vestido como ella describió.

Después de eso, tuve que preguntar sobre el caballero negro.

"Lo siento, pero las cartas no me muestran nada sobre tu caballero."

Un mes después de que el niño apareciera en mi sala de estar, por fin estuve lo suficientemente calmado para superarlo. No le dije a nadie sobre esto, ya que todavía pensaba que me iban a encerrar alguien se enteraba.
La, la, la, todo está bien.
Sólo hay que ponerlo bajo una roca al fondo de mi mente y olvidarse de eso. ¡Hecho!

Y entonces, *¡Oh, mierda! ¡Él está de vuelta!*
Esta vez, como un adulto, me mostró sólo su cabeza y hombros. Miró sobre su hombro directo hacia mí. Tenía un brillo en sus ojos marrones y una sonrisa. Me dio un mensaje: "Yo sé algo de ti que tú no y que de verdad te va a gustar."

Luego desapareció.

Una vez más intenté convencerme de que eso no ocurrió.

Cuando me miró, sentí paciencia infinita, compasión y amor. Me miró como un padre mirando al hijo que ama.

Entonces, ¿por qué me asustaba tanto?

Yo seguí regresando a la misma tienda espiritual con el caballero en mente. No había descubierto nada, excepto que la dueña de la tienda se llamaba Freyja y ella me recordó que había un libro en mi aura.

Después de una de mis visitas a su tienda, y no mucho después de verlo por segunda vez, estaba sentado en una cafetería en East Row en la ciudad. Estaba de espaldas a la pared; mis ojos estaban muy abiertos y asustados. ¿Podían notarlo? ¿Sabían que estaba loco? Me preguntaba cuánto tiempo pasaría antes de que me encerraran.

La camarera llegó con mi café.

Relájate. ¿Puede notar que estoy completamente loco?

"Capuchino, señor."

Asentí con la cabeza, "Gracias".

Ella no pareció darse cuenta de que estaba loco.

Una vieja canción revoloteaba por mi mente: *Vienen a llevarte lejos, ja, ja, je, je, jo, jo...*

La gente pasaba por las ventanas de la cafetería, el tráfico se movía lentamente, y él vino de nuevo.

Esta vez se mostró completamente. Estaba de pie en un banco de trabajo, haciendo algo de madera. Una vez más, me miró por encima de su hombro derecho. Podía escuchar que me hablaba, "Yo sé algo de ti que tú no y que te va a gustar mucho. Te traerá alegría ".

De él, obtuve la misma sensación de paciencia infinita, la compasión y el amor que había sentido antes.

Y tuve la misma reacción.

¡Huye! ¡Escóndete! ¡No está pasando! La, la, la.

De nuevo pasé el siguiente mes convenciéndome que todo era sólo un sueño o algo así. Cualquier cosa que no fuera lo que realmente era.

Después de cuatro semanas, estaba relativamente en calma, después de haber escondido las experiencias muy bien en el fondo de mi mente. Había otros allá atrás del día de Año Nuevo y luego estaban las cosas del accidente de coche. Quería saber lo que estaba pasando y no estaba seguro si decirle a alguien al respecto.

Decidí que, ya que parecía que nadie más podía notar que estaba enloqueciendo y tenía visiones, podía seguir adelante con mi vida fingiendo que no sucedían.

Estaba de regreso en casa, sentado en mi sala de estar mirando al vacío cuando *él* se apareció por cuarta vez.

Y de nuevo volteó la cabeza hacia la derecha, me miró a los ojos y me sonrió con una paciencia, compasión y amor tan profundo que me tocó hasta lo más profundo de mi alma.

Es difícil describir la profundidad de la emoción que sentí. Las lágrimas corrían por mis mejillas mientras tenía un nudo en la garganta por la emoción de sentir su presencia. Me hubiera caído si no hubiera estado ya sentado, ya que toda la fuerza de mi cuerpo se había drenado. Empecé a llorar; emociones profundas e intensas venían desde el interior de mi pecho mientras miraba esos ojos de color marrón oscuro.

Cuando miré a los ojos de Jesús, vi que su cuerpo estaba cubierto de sangre, sudor y atormentado por el dolor mientras colgaba clavado en la cruz. Me di cuenta que no podía seguir con esto; no podía fingir que no estaba allí conmigo, y que esto no me estaba pasando a mí.

Mi respiración se estremeció y, mientras él me miraba desde la cruz, sollocé.

Yo creo. Yo creo.

Mi corazón explotó y ya no pude contener mis emociones cuando sentí que él veía dentro de mi alma.

Podía verme.

Vio más de mí de lo que yo jamás podría.

Y con esa misma sonrisa divertida en su rostro, me dio el mismo mensaje de antes, "Yo sé algo de ti que tú no y sé que te va a gustar mucho. Te traerá alegría."

Y se marchó.

Me quedé sentado, llorando. Las lágrimas corrían por mi cara.

Me senté mucho tiempo preguntándome, *¿Por qué me está pasando esto?*

El Regalo de Uriel

Capítulo 5

Clases de Desarrollo Personal

En los próximos días, la aceptación de lo que vi causó que una sensación de calma cayera sobre mí. Todavía creía que quizá estaba loco, pero ya no importaba.

Volví a la tienda de Freyja y me sugirió que me uniera a algunas clases de desarrollo personal que hacían en uno de los cuartos traseros los jueves por la noche. Parecía una buena idea, pero quería pensarlo.

Me debatí tomar las clases por una semana y tuve mi primera clase el jueves siguiente, dirigida por un tipo llamado

Jayson y estaba totalmente fuera de mi zona de confort.

Pero descubrí algo inesperado en esa primera clase. Jayson era un médium, o canalizador, lo que significa que él entraba en trance y entidades espirituales hablaban a través de él. En esa primera clase, él canalizó al arcángel Miguel, quien habló con nosotros y se ofreció a responder preguntas. Al conseguir la oportunidad, le pregunté: "¿Quién es el caballero negro?"

Después de una breve pausa, la respuesta fue: "El jinete negro eres tú en otra vida."

"Gracias. ¿Puedes decirme cómo y por qué tuve esa experiencia?"

Hubo otra corta pausa. "Jesús cruzó tus líneas de tiempo para despertar tu curiosidad y ponerte en tu camino."

"Gracias." Estaba silenciosamente confundido y todavía me preguntaba por qué estas cosas me estaban sucediendo, pero las líneas de tiempo cruzadas tenían sentido. Hice otra pregunta: "¿Por qué tuve esas visiones de Jesús?"

"Jesús dice que estabas demasiado enfocado en lo físico y él vino a ti de esa manera para sorprenderte. Dice que debías despertar a la edad de cincuenta y cinco años, pero como te has escondido tan profundamente en el reino físico, era necesario comenzar ahora."

No entendía por qué Jesús me estaba prestando atención. Hice otra pregunta: "¿Puedes decirme qué significa el garabato en medio de mi línea de vida?"

"Sí. Significa que vas a pasar un tiempo de confusión tumultuosa. "

"Gracias. ¿Puedo hacer otra pregunta?

"Sí, por supuesto."

"En la visión que tuve en Año Nuevo, ¿puedes decirme qué representa el rostro dorado?"

"El rostro dorado es Cristo."

"Gracias." Tuve que detenerme un momento para digerir eso.

Miguel añadió, "Jesús tiene algo que quiere decirte. Él dice: 'Una gota en el océano de la existencia.' ¿Entiendes?"

"Sí." Internamente, sabía que quería decir que la gota cae en el océano de la existencia. De repente me di cuenta que el océano de la existencia era Dios.

Miguel me dijo: "Hay más. Él dice: 'Una *simple* gota en el océano de la existencia.' ¿Entiendes?"

"Sí. Gracias. ¿Puedo hacer una pregunta más?"

"Sí, hijo mío."

"La extensión de mis lesiones causadas por el accidente me dejaron perplejo. Estaba recordando las lesiones y no pude encontrar nada que no fuera por el impacto inicial de cuando rompí la ventana y golpeé contra el suelo. ¿Cómo es posible cuando el coche rodó varias veces más?"

"Los tres que estaban contigo, que viste como seres de luz—Jesús, Uriel y uno más—te envolvieron para evitar cualquier daño adicional a tu cuerpo."

"Gracias."

Un par de días después, me encontré sentado en el sofá, preguntándome cómo podía darle sentido a toda esta nueva información. Después de hablar con Miguel, mucho había quedado claro, pero todavía sentía como si tuviera que armar un rompecabezas. Tenía que cimentar de alguna manera este nuevo conocimiento en mi conciencia, pero tomó tiempo aceptarlo.

Consideré vivir por un tiempo de confusión tumultuosa.

¡Oh, genial! Creo que estoy en medio de eso, así que, con suerte, no va a durar mucho tiempo.

Y Jesús dijo: *Una gota en el océano de la existencia.*

Para mí, eso significaba que yo era una gota en el océano de la existencia. Por lo que, si la existencia es el océano y yo era la gota, significaría que todos somos gotas en el océano de la existencia, y por lo tanto todos somos iguales. Todos somos gotas, yendo a casa, regresando a Dios en nuestros caminos individuales. Las gotas provienen de ese masivo cuerpo de agua, ese océano de la existencia, como la lluvia proviene de los océanos en forma de condensación sólo para volver a ese océano después de haber hecho un viaje. Todos somos de lo mismo; el mismo océano, encontrando nuestro camino de vuelta a casa.

Una *simple* gota en el océano de la existencia.

Una advertencia para cuidar mi ego. Puedo hacer eso.

La siguiente pieza de información era que Jesús había cruzado mis líneas de tiempo, para despertar mi curiosidad y ponerme en mi camino.

Definitivamente despertó mi curiosidad y me puso en un camino. Así que, ¿en qué camino me puso?

Saqué de esa experiencia que debía perseguir al caballero negro, quien era yo en otra vida. Eso significaba que estaba buscándome a mí mismo.

Así que Jesús cruzó mis líneas de tiempo, despertó mi curiosidad y me puso en el camino de la auto-conciencia, pero todavía no tenía idea de cómo hacerlo.

El siguiente jueves por la noche, Jayson condujo una meditación guiada diseñada específicamente para conocer y recibir un regalo de nuestro arcángel patrocinador.

Durante la meditación, una figura apareció ante mí y se identificó como el Arcángel Uriel. Era un poco más alto que yo, llevaba una túnica de monje y sus alas no se mostraron. Él me extendió algo con ambas manos: un regalo.

Miré hacia abajo para encontrar un libro encuadernado en cuero de color sangre. Tentativamente, tomé el libro de sus manos y lo abrí. De adelante hacia atrás, cada página estaba en blanco.

Le pregunté a Uriel, *¿Qué se supone que debe ir en el libro?*

Tus experiencias. Llena las páginas con las cosas que ves en tu viaje.

Totalmente confundido, cerré el libro y le agradecí por su regalo. Pregunté, *¿Quién querría leer sobre mí? Sólo soy un albañil.*

Se limitó a sonreír. *Es tu libro. Llena las páginas. Escribe lo que ves.*

Y luego se fue.

Me tomó mucho tiempo entender que el libro era el vehículo que necesitaba para mi viaje.

Edward Spellman

Al salir de la meditación, mi mente daba vueltas. Me habían dicho, otra vez, que escribiera un libro.

Tienes que estar bromeando. No sé nada acerca de cómo escribir un libro.

Tenía miedo y era algo más que enterrar al fondo de mi mente.

Algunas de las clases a las que asistí se centraron en meditaciones diseñadas para encontrarnos, conocer y estar cómodos con nuestros guías espirituales. Esta vez en especial, era para estar con nuestro mayor guía espiritual, aquellos conocidos como guardianes.

Estos son guías que se quedan con nosotros para toda la vida. Me dijeron que otros vienen, hacen su trabajo y se van, pero estos chicos nos tienen bajo sus alas, por así decirlo, para toda la vida. Se parecía mucho a la concepción cristiana de ángeles de la guarda para mí.

En la meditación, fui guiado a un claro en un bosque donde, me dijeron que, si estaba listo, él vendría.

Jayson era bueno dirigiendo a las personas a través de meditaciones guiadas. Me gustó mucho la sensación y el olor del bosque mientras me preguntaba qué tipo de experiencias los otros miembros de la clase estaban teniendo. Mientras pensaba en ellos, me sentí seguro de que no experimentaría nada que valiera la pena discutir.

Entré en el claro del bosque y encontré a Jesús sentado en un tronco esperándome. Estaba vestido con una túnica blanca manga larga, ceñida a la cintura. No sabía cómo, pero sabía que su túnica estaba hecha de pelo de cabra tejido, que era una bata de trabajo para hombre. Llevaba sandalias de cuero que se envolvían varias veces alrededor de los tobillos y pantorrillas; y yo llevaba exactamente la misma túnica y sandalias que Jesús. Sólo era un niño pequeño, tal vez de seis años de edad, llegando como mucho a la mitad de su muslo; parecía un niño jugando a vestirse con la ropa mucho más grande de su padre.

Me senté junto a él en el tronco en medio del claro. Miré hacia arriba y le pregunté: *¿Qué haces aquí?*

Miró hacia abajo con risa en sus ojos. *Escribe tu libro. Todas las respuestas están en él.*

Dejó que lo pensara un poco y luego dijo. *He estado contigo siempre, y estaré contigo siempre. Siempre estoy contigo. No quiero que me sigas, ni yo te seguiré a ti, aunque siempre voy a caminar a tu lado. Yo te enseñaré a través de visiones y sueños, a través de meditaciones como ésta, y a través de los viajes astrales. Pon las cosas que veas en tu libro. A medida que escribas, las respuestas que buscas vendrán a ti. Por ahora, toma mi mano y camina conmigo.*

El Regalo de Uriel

Jesús extendió su mano hacia mí y empezó a caminar por el claro. Caminé al lado de Jesús, de la mano. Con cada paso, crecía un poco, y mientras caminábamos, llegué a la edad adulta. Nuestros pies dejaron el suelo y volamos por encima del bosque, nuestras formas flotando juntas hasta que sólo había una; no había nada separándonos.

Volamos hacia el arroyo del bosque, entramos en él, y nos volvimos uno con el agua.

Como el agua, le hicimos cosquillas a las truchas perezosas, gorgoteamos felizmente sobre piedras y pasamos por estanques hasta que las raíces de los árboles sedientos nos recogieron. Nos volvimos uno con los árboles. Nos convertimos en el bosque. Ardillas, pájaros y mariposas jugaban en nuestras ramas. Nos convertimos en el agua otra vez y viajamos a través de los árboles, a través de las hojas y fuimos cargados para formar nubes sobre el bosque. Como las nubes, el viento nos sopló hacia las montañas donde caímos como lluvia.

Como el agua, nos filtramos en la montaña y una vez dentro, nos convertimos en la montaña. Como la montaña, vimos el paisaje de abajo. Vimos crecer un bosque donde no había bosque antes. Vimos el bosque envejecer y convertirse en desierto. Vimos la humanidad venir y construir civilizaciones y ser llevados por las arenas del tiempo. Entonces dejamos la montaña y volvimos al claro del bosque.

A medida que nos acercamos al claro, nuestras formas se separaron.

Jesús se volteó hacia mí. *¿Lo entiendes?*

Sí, me has demostrado que todo está conectado.

Ahora era mi turno de hacerle una pregunta a Jesús. *¿Cuánto tiempo me tomará escribir mi libro?*

El Regalo de Uriel

Por lo menos diez años.

Gracias.

Recuerda siempre, hijo mío, todo está conectado.

Luego desapareció y yo estaba de vuelta en clase, ya no me preguntaba qué tipo de experiencia habían tenido los demás.

Edward Spellman

Capítulo 6

No Lucharé Más Jamás

Estaba empezando a sentirme atrapado por mis experiencias y como si no tuviera opción, por lo que luché contra la idea de escribir un libro y olvidé el mensaje que Jesús me había dado. Pensé que, si ignoraba la idea, se iría.

También tenía miedo de lo que la gente pudiera pensar de mí. En mi mente, no había manera de que fuera a poner lo que me estaba pasando en un libro.

¡Mierda! La gente podría leerlo; estoy seguro de que me encerrarán.

El Regalo de Uriel

En cualquier caso, discutí con mi mismo; al menos pensé que era yo. Seguí escuchando: *Escribe tu libro. Escribe tu libro.*

No puedo escribir un libro. No sé nada sobre escribir libros.

Escribe tu libro.

¿Por qué querría escribir un libro?

Escribe tu libro; todas las respuestas están en él.

¡Mierda! ¿Cómo escribo un libro?

Ve, toca, siente, aplica, conoce.

Durante una pausa en el argumento una callada mañana de primavera, estaba holgazaneando en mi sala de estar sólo mirando por la ventana, absorto en silencio en la caída de la luz del sol entre las hojas del castaño cuando una visión apareció ante mis ojos. Las lágrimas corrían por mi cara y tenía un nudo en la garganta por la emoción mientras trataba de entender lo que estaba viendo.

Pero no sólo lo vi. Pude olerlo, escucharlo y saborearlo en el aire. Todos mis sentidos estaban involucrados mientras guerra se desencadenaba delante de mí. El hedor de los cadáveres en descomposición, explosivos y gases de escape mezclados con el de aquellos recién asesinados y el olor dulce de la tierra recién removida llenó mis fosas nasales.

Vi un campo de batalla donde hombres y mujeres se movían de un lado a otro en la tierra herida y sangrante, cada uno buscando la victoria sobre el otro a cualquier precio. El ruido de la batalla era insoportable, porque todas las máquinas de guerra modernas estaban jugando su parte. Disparos de armas pequeñas, ametralladoras, cañones, tanques, aviones, helicópteros y más, todo desatando su forma particular de la muerte, todo añadido a la cacofonía.

Lentamente, me volví más consciente de otros aspectos de mi entorno. La batalla cambió, y vi los cadáveres frescos y podridos de lo que habían sido bellos seres humanos.

Estaba mirando sobre un paisaje que se asemejaba a un vertedero de basura esparcida con humanidad desgarrada cuando sentí frío. Algo había cambiado; algo más estaba sucediendo.

Un silencio cayó sobre el campo de batalla.

Los hombres y las mujeres de todo el campo miraron alrededor.

Incluso los heridos estaban en silencio. Era como si se hubiera congelado el tiempo, mientras que en el centro de la visión, una niebla espesaba suavemente. Una sombra se movió. Poco a poco, sin detenerse, la sombra tomó forma y un guerrero nativo americano salió del pasado justo en el campo de batalla.

Edward Spellman

Cabello largo hasta la cintura ondulaba en un viento que no estaba allí. De cada sien colgaba una trenza decorada con una sola pluma de águila. Llevaba polainas de piel de ante y taparrabos, pero nada por encima de la cintura y su piel estaba oscura y bronceada por el sol. No importa dónde estaban las personas en el campo de batalla, podían verlo salir las oscuras nieblas del tiempo y a la vista.

Parecía estar a sólo treinta pasos de distancia, sin embargo, al mismo tiempo se sentía como si estuviera a miles de millas y cientos de años más allá de este campo. Sangre salía de leves heridas en sus brazos y pecho. Había viejas cicatrices en su cuerpo y me di cuenta por su ropa y armas que pertenecía a un pasado muy lejano.

Se dirigió a una pequeña colina, en su mano izquierda había un cuchillo cubierto de sangre fresca. En la mano derecha llevaba su hacha de combate. En su cabeza había sangre fresca y trozos de hueso de un blanco perla.

Al llegar a la cima de la colina, se inclinó y puso sus armas en el suelo a sus pies. Puso sus manos en la sangre del hombre y de la madre tierra, luego se levantó y encaró al sol. Se cruzó de brazos y colocó una palma en cada pecho—la izquierda en el derecho y la derecha en el izquierdo, dejando dos huellas. Después, llevó los tres dedos del medio de su mano derecha, cubiertos de barro y sangre, desde la frente hasta la barbilla dibujando tres líneas paralelas en el centro de su cara.

El guerrero levantó los ojos al cielo, y abriendo los brazos con las palmas hacia arriba y a la altura del hombro; dijo su verdad con voz fuerte y clara: *No lucharé más jamás.*

A medida que la visión se desvanecía, agarré un lápiz y papel y me esforcé en escribir lo que acababa de ver. Lágrimas cayeron sobre el papel, lo que hizo difícil escribir, y fue difícil ver mientras sollozos seguían estremeciendo mi cuerpo.

Durante mucho tiempo, agonicé sobre el uso de la cita del guerrero porque era demasiado parecida a la del Jefe Joseph de los Nez Perce que luchó con su pueblo contra el Ejército de Estados Unidos en 1887. Ellos lucharon por más de tres meses y cubrieron 1.170 millas (1,900kms) antes de rendirse y luchar con todo lo que tenían.

Entonces me di cuenta que era porque eran las palabras del Jefe Joseph que eran tan poderosas. La visión me estaba diciendo que iba a luchar contra lo que me estaba pasando con todo lo que tenía. Que iba a luchar hasta que no tuviera más con qué luchar. El Jefe Joseph también usó las palabras que fueron pronunciadas por el guerrero que salió de entre las brumas del tiempo en su discurso de rendición y me decía que también me rendiría con el tiempo.

La visión también me dijo que, en algún momento de mi futuro, un aspecto de mi pasado, entraría en mi futuro presente.

Edward Spellman

Capítulo 7

Sigue la Cascada de Tierra

Estaba en casa tratando de averiguar lo que estaba me estaba sucediendo, cuando llegó otra visión.

Yo estaba en el patio de una vieja casa de campo con revestimiento de madera con otras dos personas. La casa, a pesar de que la pintura se estaba pelando, las ventanas estaban rotas, y la puerta colgaba entreabierta, era reparable. Las dos personas conmigo eran una joven vestida de rojo y un anciano de piel arrugada y correosa. El vestido de la mujer estaba hecho de una tela elástica suave que se amoldaba a los contornos de su cuerpo; tenía un corte moderno, mangas cortas, escote modesto, y llegaba a alrededor de la mitad del muslo. Su piel era de un marrón dorado, sus ojos azules y su pelo castaño rojizo caía poco más abajo de los hombros y estaba descalza.

El anciano llevaba unos pantalones negros y una camisa de corte medieval, llevaba botas de cuero, un chaleco de cuero y gorro, estos eran de color marrón oscuro, pero más claro que su piel arrugada. Su ropa y apariencia daban la impresión de mucha edad y sin embargo exudaba fuerza, confianza y vitalidad. Sus ojos eran de color marrón oscuro y lúcidos; su pelo negro bajaba a sus omóplatos y, aunque sabía instintivamente que era muy viejo, no había señales de canas en su cabello.

Los tres nos encontrábamos en tierra seca, compacta, donde sólo un poco de maleza atrofiada crecía.

Edward Spellman

Estábamos entre la casa y una valla compuesta de postes de acero negro en forma de "Y" y cinco alambres colgados flojamente. El alambre de púas que debería haber estado en la parte superior estaba notablemente ausente. No era una valla muy buena y no parecía que pudiera mantener nada adentro o afuera.

Me encontraba en la parte delantera de la casa, a medio camino entre ésta y la valla. La mujer se encontraba a unos treinta pies de distancia, al lado de la valla. El anciano estaba a medio camino entre la casa y la cerca y a mitad de camino entre la mujer de rojo y yo.

Inmediatamente detrás de la cerca había una niebla espesa que oscurecía todo lo que había más allá.

Una gran hormiga negra, casi de la misma longitud que yo tenía de altura, vestida con una chaqueta de cricket crema y gafas de sol, salió de la puerta trasera de la casa y se acercó a nosotros.

Al mismo tiempo que la hormiga salía por la puerta de la casa, la mujer se inclinó al lado de la valla, alcanzó al otro lado y arrastró un libro de cuero rojo de debajo de una roca que tenía sólo una pequeña esquina saliendo a través de la valla.

Se puso de pie, abriendo el libro. Mientras lo hacía, se quedó sin aliento de la sorpresa por lo que vio, y dijo: Ven y mira esto. El libro que sostenía en sus manos era el mismo que el Arcángel Uriel me había dado a mí.

Los tres nos reunimos y vimos la página del libro que tanto la había sorprendido. A su vez, la hormiga habló: *Ven conmigo. Los jefes quieren verte.*

La hormiga entonces se dio vuelta y se retiró hacia la casa.

Allí, en la página del libro, había un dibujo de la valla y el paisaje detrás de ella que no podíamos ver a causa de la niebla. Miramos el dibujo, luego a la valla y la niebla, pero la niebla había desaparecido y con eso la roca que había escondido el libro fue expuesta. La roca era gris oscuro, algo aterronada pero suave, cerca de tres pies de largo, un pie y medio de altura en su cúspide, y estaba cubierta de manchas de líquenes verdes desteñidas. Se encontraba como un centinela al inicio del camino de tierra definido que conducía en línea recta, diagonalmente a través de la tierra nivelada alfombrada de espesa hierba verde. Conducía a un invitante y misterioso bosque a unas cincuenta yardas de distancia. Flores silvestres de color púrpura se dispersaban entre la hierba y podía verlas apiñarse alrededor del borde del camino ya que seguían la misma línea hasta lo profundo del bosque que estaba lleno de toques de luz y sombras suaves y amigables. El dibujo coincidía con el paisaje que estaba viendo, y debajo del dibujo había una leyenda escrita en cursiva.

Sigue la cascada de tierra.

Yo estaba de pie directamente en la línea del camino así que podía ver su longitud sin obstáculos hasta lo profundo del bosque.

La hormiga había esperado que la siguiéramos de regreso a la casa, pero los tres nos acercamos a la cerca, donde el camino comenzaba junto a la roca. Puse mi pie izquierdo en los tres cables inferiores, empujándolos al suelo y levanté los otros, permitiendo que mis compañeros se deslizaran entre ellos, y luego crucé poniendo mi pie derecho en el camino al lado de la roca y rápidamente les seguí. Nos movimos con seguridad por el camino recién expuesto mientras la visión se desvanecía, dejándome un poco aturdido.

Me tomó casi veinte años entender que la visión representaba más de veinte años de mi vida.

La posición en la que estaba al inicio de la visión me representaba viendo mi vida o, mi viaje hacía la autoconsciencia. Yo estaba de pie entre la casa deteriorada, mi ser físico, y mis temores y dudas que me mantenían cercado.

La tierra compactada donde me encontraba representaba la dificultad en cultivar, o aceptar, un nivel saludable de consciencia, tanto interior como espiritual.

Resolví la mayor parte de la visión por mí mismo, pero tuve que pedir un poco de ayuda a Miguel con la identidad de la mujer y el anciano.

Mientras observaba la visión, la mujer de rojo, mi *ánima* o aspecto femenino, buscó bajo la roca y sacó este libro. La roca representaba el lugar al fondo de mi mente donde ocultaba todas esas cosas que preferiría no compartir. Ella abrió el libro en la página con el dibujo con la leyenda en cursiva. Este señaló que tanto el dibujo como la leyenda eran de suma importancia. Que no llevara zapatos la conectaba con la naturaleza.

El anciano en la visión era la antigua sabiduría, y representaba la sabiduría colectiva y el conocimiento de todas las encarnaciones de mis almas. Él me acompañó en mi viaje detrás de la cerca una vez que el libro se completó.

Una vez que empecé a cuestionar el significado de la niebla, estaba perplejo. No podía resolverlo.

Niebla, niebla, ¿qué es la niebla?

Tan pronto como hice la pregunta, la imagen que había tenido en mi mente se hizo a un lado y otra la reemplazó. Estaba viendo la sombra del guerrero mientras salía de la niebla y al campo de batalla.

¿Qué tenía que ver el guerrero con la niebla?

La niebla volvió, luego el guerrero en la bruma, y escucho, *No. Mira.*

Vi al guerrero de nuevo, saliendo de la niebla en el campo de batalla.

Mientras las dos visiones se alternaban y yo trataba de entender lo que se me mostraba, oí, *Recuerda siempre, hijo mío, todo está conectado.*

Entonces tuvo sentido.

No es el guerrero lo que me estás mostrando, ¿verdad? Es la niebla, ¿la bruma del tiempo?

No era niebla en absoluto.

Sentí una energía pasar sobre y a través de mí; la sentí pasar por mi cuerpo, desde la punta de mi cabeza y fluyendo por mis pies. De alguna manera sabía que era Jesús diciéndome que estaba en lo correcto.

La hormiga gigante era mi ego y vestir una chaqueta de cricket reforzaba su deseo de ser uno del equipo. La recomendación era no seguir mi ego sino tomar un camino alternativo.

Cuando se trataba de mirar a la roca, la visión de mi línea de vida se encontraba directamente sobre esta visión. El garabato de la visión de mi línea de vida que representaba la confusión tumultuosa se alineó con la roca de la que se extrajo el libro mostrándome que escribir el libro sería mi tiempo de confusión tumultuosa.

También la parte de mi línea de vida que mostraba una nueva dirección estaba alineada con el camino que iniciaba junto a la roca, ilustrando la nueva dirección que tenía una vez que el libro estuviera terminado.

Mientras la mujer de rojo tomaba el libro, vi que era el mismo libro Uriel me dio, y era del mismo color que las hojas rojas. Esas hojas rojas eran este libro, lo que significaba que ya residía dentro de mi ADN. Y el libro se componía de las cosas que no quería compartir, así que tener visiones y escribir sobre ellas estaba en mi ADN.

El pie de foto, *Sigue la cascada de tierra*, era de suma importancia, porque podía leerlo con claridad. Al preguntarme, ¿qué es una cascada de tierra? Tuve una visión de un deslizamiento de tierra, lo que tenía sentido. Un deslizamiento de tierra era tierra en cascada de cierta manera.

¿Qué hacía un deslizamiento de tierra?

Eliminaba todos los obstáculos de su camino y exponía lo que había debajo.

Eso significaba que la escritura de este libro ayudaría a eliminar todos los obstáculos que posiblemente pondría frente a mí, y expondría mi yo interior. Si se eliminaban los obstáculos, oportunidades fluirían. El dibujo mostraba que una vez que el libro estuviera completo, mi camino, una vez que haya superado mis miedos y dudas, sería despejado y sin obstrucciones.

Dar un paso en el camino con mi pie derecho significaba que debía estar seguro de emprender este viaje, recorrer este camino, con la intención correcta.

Ser capaz de ver a lo largo del camino me decía que después de que cruzara la valla, no habría ningún obstáculo. Que el camino estuviera claramente definido me decía que mi propio camino sería igual.

Edward Spellman

En la visión, tres aspectos del yo se juntaron, rechazaron el consejo del ego, y se pusieron en marcha en una dirección completamente diferente.

El Regalo de Uriel

Edward Spellman

Capítulo 8

Lobo Que Corre

Después de volver a ver al guerrero, pensé en tratar de averiguar quién era.

Puse un poco de incienso y me acomodé mi sala de estar, y con algo de música suave en el fondo, entré en meditación preguntando: *¿Quién es el guerrero que vi saliendo de la bruma del tiempo?*

La rapidez de la respuesta me sorprendió, ya que realmente no había esperado una.

Él es Lobo que Corre del Clan Oso de la Nación Sioux.

Conseguí un lápiz y papel y lo escribí, luego deambulé por la casa por un tiempo. Hice una taza de té que no terminé, y di unas vueltas más preguntándome si podía averiguar más.

Decidí meditar de nuevo y buscarlo con más enfoque.

Me puse cómodo y vi cómo la luz del sol de la mañana brillaba en las gotas de rocío en mi jardín ligeramente descuidado; no tenía el corazón de podar las plantas.

Pequeñas nubes pasaban cuando tomé un profundo respiro purificador, cerré mis ojos, y me visualicé a mí mismo caminando a través de una niebla de color rojo oscuro. Inhalé la niebla lenta, profundamente y exhalé mientras caminaba por un tramo de escalones mientras seguía en la niebla. En la parte superior de la escalera había un descansillo, y la niebla cambió a naranja. Tomé otro respiro profundo y me moví al siguiente tramo de escaleras. Exhalé mientras subía por las escaleras hacia un segundo descansillo y otro cambio a otro color, esta vez a amarillo. Inhalé y seguí adelante, luego exhalé y subí las escaleras. En el siguiente descansillo el color era verde bosque y lo inhalé en mi cuerpo y seguí adelante. Una vez más exhalé y me moví por las escaleras hasta donde el color cambiaba a un azul cielo. Inhalé el azul cielo y seguí delante, exhalé y caminé hasta el siguiente descansillo en el que el color cambió a índigo. Respiré profundamente la niebla índigo y me moví por el descansillo al siguiente tramo de escaleras, exhalando mientras las subía.

Al llegar al último descansillo, el color cambió a blanco con manchas de color rosa. Respiré es profundamente hacia mis pulmones mientras el tiempo y el espacio se disolvían en una niebla.

Veía un campamento desde arriba y un poco hacia un lado, como si estuviera viendo desde la cesta de un globo aerostático anclado sobre el campamento.

Vi a tres personas haciendo sus tareas diarias: Lobo Que Corre, su esposa y su hijo.

Tenían su casa de campo en el borde de un pequeño claro en la parte alta de un río, y había una fogata para cocinar al aire libre con carne secándose en rejillas.

Había pieles de alces, pumas y rata almizclera estiradas sobre rejillas para secar al sol.

Dos caballos estaban atados cerca, gozando de la hierba fresca de primavera.

Un rifle de chispa se apoyaba en un árbol cerca de donde él estaba trabajando en una piel de alce fresca. Tenía un cuerno de pólvora y una bolsa de tiro colgando de su cuerpo.

A la izquierda de la entrada de la casa de campo se inclinaba una lanza de guerra; llegaba hasta donde él podía alcanzar y tenía una hoja tan ancha como su mano y dos manos de longitud. En el lado derecho de la entrada un arco de búfalo colgaba con una aljaba llena de flechas.

La niebla que se había despejado para abrir esa ventana en el tiempo y lugar volvió de nuevo y pronto todo lo que podía ver era la niebla. Respiré profundamente, moví mis dedos de los pies y los dedos de las manos, y luego, lentamente, abrí los ojos y me encontré de nuevo en mi sala de estar.

El Regalo de Uriel

Edward Spellman

Capítulo 9

El Caballero Otra Vez

Habiendo encontrado a Lobo Que Corre un par de días antes, me empecé a preguntar si podía hacer lo mismo con el caballero negro.

El jinete me fascinaba, así que iba a ver si podía encontrarlo también. Encontré una posición cómoda, respiré para centrarme, y llamé a mis guías para protección.

Me visualicé subiendo una escalera envuelta en la niebla roja, a medida que subía los colores cambiaban. Rojo a naranja, naranja a amarillo, poco a poco me moví más profundamente hacia mí mismo.

Amarillo a verde, y hasta azul, sentí la sangre bombeando en mis venas. De azul a índigo, luego subí la escalera a una plataforma llena de luz de color blanco puro con manchas de color rosa.

Jesús me estaba esperando, media sonrisa en sus labios y vestido con ropas similares a las del jinete y sus amigos. Él sabía lo que yo estaba buscando. Al otro lado de la plataforma había una puerta; nos acercamos juntos y la cruzamos. Había otra escalera frente a nosotros, la que empezamos a subir uno al lado del otro.

A medida que subíamos, nuestras formas se juntaron hasta que sólo había una figura subiendo las escaleras.

Subimos más y nuestra forma se mezcló con las brumas del tiempo y el espacio, y fuimos al pasado.

Al salir de la niebla, me sentí muy extraño. Era como si estuviera viendo al jinete desde lejos, y a la vez viendo a través de sus ojos. La forma en que las palabras se formaron en mi mente se retorcían y cambiaban como si hubiera dos de nosotros en la misma mente.

Lo vi cabalgando por el campo con una mujer. No parecían tener un destino y sólo pasaban el tiempo, deteniéndose de vez en cuando para comer, descansar los caballos y disfrutar del día.

Entonces la escena cambió y el jinete estaba solo en un bosque en la base de un acantilado.

Estaba sentado a horcajadas sobre uno de los caballos de batalla más capacitados que esa tierra, o cualquiera, había visto en muchos años: un caballo que los hombres matarían por tener, y él estaba a punto de abandonarlo a su destino.

Habían sangrado juntos antes de ese día, y si la Diosa lo quería, tendrían la oportunidad de hacerlo de nuevo. A sólo cincuenta pasos delante de él se encontraba un acantilado que se extendía hasta donde se podía ver, y cuya cima estaba envuelta en niebla. Ese acantilado parecía pensar que no podía ser escalado; estaba allí y se burlaba de cualquiera que se atreviera a intentarlo.

Para el jinete negro, sin embargo, era el camino por el que tenía que ir y ningún otro. Se rio de las falsas ideas del acantilado y continuó sus preparaciones.

Por tres días había viajado a través del bosque para llegar a este lugar. Había un claro con mucha hierba y una pequeña corriente a un lado. Quitó su equipo del caballo y lo escondió cerca en el bosque, en el cuenco de un roble.

Vestía sólo en lana oscura hecha en casa y cuero negro; su armadura demasiado engorrosa para la tarea. Un par de espadas estaban atadas a sus hombros y un fuerte cuchillo que pelea con una hoja de ocho pulgadas descansaba en la parte baja de su espalda. Las espadas que llevaba eran gemelas, ambas con una cuchilla de la longitud de su brazo; eran armas sencillas con empuñadura y protector de plata, sin adornos con una esfera de plata de dos pulgadas encima de la empuñadura. A primera vista parecían espadas de un hombre pobre, pero eran un regalo del pueblo de su padre y había pocas más finas.

El caballo no se iría hasta que la comida se acabara, y si él no estaba de vuelta para ese entonces, estaría muerto.

Se dirigió hacia la pared del acantilado negro, silbando una melodía de su niñez.

Aparte de las espadas y cuchillo, llevaba pan y queso en una bolsa al hombro y un pequeño odre de agua sobre el otro.

Un antiguo roble se encontraba inclinado contra la pared del acantilado, arrastrado por una tormenta que había pasado; le ayudaría a subir un poco.

El Regalo de Uriel

Hacia la niebla subió, incapaz de ver la cima. Se detuvo y descansó, subió de nuevo, niebla ondulando a su alrededor. Después de algunas horas, salió de la niebla y a la cima del acantilado; el bosque llegaba hasta el borde.

Al final de la tarde, encontró lo que buscaba: un pequeño lago con una isla en el centro. En esa isla había una casa de piedra fortificada con jardines en la parte trasera.

El camino a la casa, conocido como 'filo de espada' pasaba por el lago, pero estaba oculto bajo la superficie del agua y era muy estrecho por lo que sólo un caballo podía cruzar a la vez. Es bien sabido que "los dientes de dragón" también vigilaban este lugar, un anillo de picos crueles que rodeaban la isla ocultos bajo la superficie del agua.

Caminar por el filo de la espada era morir, ya que estaba vigilado en todo momento por arqueros, por lo que su única oportunidad de llegar a la isla sin ser visto era nadar en la noche y arriesgarse a los dientes de dragón.

Él esperó hasta el anochecer y se fue tan lejos como pudo, luego nadó lentamente, pulgada por pulgada, hasta que encontró el primero de los dientes de dragón. Su pecho se había encontrado con él, causando un rasguño y dándole una advertencia. Había seis hileras de dientes de dragón que cruzar.

Una vez en la isla, emergió rasguñado en sus brazos y piernas, pero se movió sigilosamente a una pequeña puerta en la parte de atrás, donde los habitantes venían a recoger las verduras frescas de la huerta.

Se puso junto a la puerta y esperó a la mañana.

Hasta ese momento de la meditación, pensé que yo era simplemente un pasajero invisible, pero cuando casi amanecía, él me pidió que no lo acompañara, ya que sería una distracción y él tendría que luchar una vez adentro.

Retiré mi conciencia cuando alguien levantó la barra de la puerta de roble forrada de hierro y un hombre corpulento cargando una cesta apareció.

El jinete hizo una puñalada rápida, cruzó la puerta y la cerró detrás de él.

El tiempo pasó y me pregunté qué estaba pasando adentro. Moví mi conciencia en torno a la parte delantera de la casa y de nuevo al otro lado del lago para poder ver la puerta de entrada hasta que él pasó por la puerta principal a caballo. Otro caballo le siguió, llevando a la mujer que vino a rescatar. De alguna manera sabía que era su prima, la misma mujer con la que lo había visto antes

Los caballos sabían el camino y lo caminaron con seguridad.

Antes de llegar a la orilla del lago, mi visión se nubló y me sentí flotar de nuevo a mi cuerpo. Respiré profundamente, moví mis dedos, moví mis dedos de los pies y abrí los ojos. Ese era mi jinete negro: yo en una vida pasada.

Mientras estaba sentado contemplando lo que acaba de experimentar y sin ninguna intención de mi parte, me encontré de nuevo con el jinete, aunque esta vez fue lo contrario de lo sucedido en Cooma. Era el jinete mirando a través de mis ojos en las calles Cooma.

Sol de primavera llenaba el campo a mi alrededor, una suave brisa movía la hierba que llegaba hasta la rodilla, besaba el nuevo crecimiento en los antiguos robles.

Mi semental flexionó sus músculos debajo de mí; sentí su pecho expandirse mientras inhalaba. Resopló, tiró de las riendas y pisoteó, emocionado por moverse.

Entonces fue como si estuviera sentado en el interior de un extraño carruaje, sin embargo, no vi ningún caballo. Se movía como por arte de magia y pase por extrañas casas. El carruaje se movía a lo largo de un camino negro con rayas blancas en su centro.

Vi postes altos y rectos con cuerdas atadas en medio, ¿qué podrían ser? No había paredes, ni almenas ni torres; esto debe ser un lugar tranquilo ya que no podía ser defendido.

Acababa de experimentar cómo el jinete experimentaba que Jesús cruzara nuestras líneas de tiempo. Él pensó que estaba viendo otro reino, el reino de las hadas.

Estaba experimentando conducir por una carretera de betún en una tracción de cuatro ruedas, mirando los suburbios de Australia a lo largo de una calle llena de postes de teléfono, mientras estaba sentado en un caballo hace aproximadamente mil quinientos años.

Edward Spellman

Eso se sintió aún más extraño que la primera vez que sucedió, fue una especie de viaje en el tiempo en el cuerpo de otra persona, y como si alguien más estuviera teniendo la misma experiencia y los dos estuviéramos conscientes del otro.

Una vez más tuve que preguntarme: *¿Por qué me pasan estas cosas?*

El Regalo de Uriel

Edward Spellman

Capítulo 10

Los Aspectos Negativos del Ser

Mis experiencias estaban en mi mente cuando me despertaba cada mañana, y estaban allí cuando me iba a dormir. Yo estaba dividido entre divertirme con ellas y preocuparme por mi salud mental.

Una mañana, estaba en la cama al amanecer y mientras miraba hacia el techo, mi visión se empañó. El mundo se arremolinó y me encontré caminando por unos pastizales con un bastón torcido en mi mano en medio de dos grupos de árboles de pino. El bastón estaba decorado con cristales y tallado con runas. No entendía por qué me gustaría tener un bastón como ese, pero se sentía bien.

Caminé por la hierba y me encontré con un cuerpo de agua. La superficie del estanque era tranquila y quieta con luz solar tocándola de tal manera que no podía ver debajo de la superficie.

Aunque había visto estanques de agua antes, éste vino con el conocimiento de que representaba algo totalmente desconocido para mí.

Me puse de pie al lado del estanque y sólo vi reflejos, así que deslicé el bastón bajo la superficie del agua. Entonces vi claramente debajo de la superficie y estaba de vuelta en mi cama, mirando al techo.

Me di cuenta que había estado preguntando qué me estaba pasando y por qué estaba teniendo estas experiencias y aquí se me mostró que podía ver bajo la superficie.

¿Qué superficie?

¡Oh! La cascada de tierra... el deslizamiento de tierra exponía lo que estaba oculto bajo la superficie... mi superficie. La visión me decía que el proceso estaba exponiendo y apreciando partes de mí que desconocía.

Con esta revelación, estaba aceptando la idea de escribir un libro, así que medité y pedí a mis guías que me mostraran lo que tenía que aprender.

A medida que mi conciencia ahondaba en la meditación, me encontré conduciendo por el campo. El paisaje era plano y arenoso con una escasa cubierta de eucaliptos.

Al acercarme a mi destino, un gran cobertizo de granja verde, yo fui el último en llegar ya que ya había varios coches estacionados allí, cerca de la caseta y un banco de diques.

Estacioné y entré al cobertizo por una gran puerta en el centro. Olía a nuevo y parecía que acababa de ser construido.

El Regalo de Uriel

Una vez adentro, vi que el suelo no era de cemento como esperaba, sino suave arena roja de desierto. Había huellas por todo el lugar, pero la gente que había estado allí ya se había ido.

Cuando miré alrededor, la mujer del vestido rojo llegó; mi ánima. Comenzamos a buscar a los otros y, eventualmente, nos encontrábamos en la parte superior del banco de diques mirando hacia el otro lado, donde había seis cuerpos tendidos en el suelo. De alguna manera sabía que éstas eran las personas que habían estado en el cobertizo.

Bajamos juntos y construimos una pira para los cuerpos, que luego recogimos y pusimos encima. Mientras los miraba, una antorcha encendida en la mano, me di cuenta que todos los cuerpos eran los aspectos negativos de mí mismo.

La mujer en el vestido rojo y yo lanzamos nuestras antorchas encendidas a la pira, prendiéndole fuego. A medida que el fuego crecía, pasamos a la parte superior del dique para observar.

De la mano, vimos las rugientes llamas y dijimos: *Pedimos al Creador que tome estos aspectos negativos de nuestro ser hacia la Luz ya que no podemos usarlos más; los entregamos a Ti.*

Mientras observábamos, la pira en llamas estalló en un torbellino de fuego. En el interior del torbellino había páginas impresas, páginas que había escrito y escribiría; quemándose mientras flotaban hacia arriba y en cuestión de minutos, todas fueron consumidas.

Pronto brotes verdes comenzaron a salir del suelo antes estéril hacia el llamativo cielo. En cuestión de minutos, un bosque de árboles maduros se encontraba donde la pira había ardido momentos antes. A medida que los árboles alcanzaban el final de su crecimiento, nuestros cuerpos fluyeron para volver a ser, simplemente, yo mismo.

Y aprendí que así era cómo iba a empezar a escribir un libro. Primero, necesitaba sacar la basura de mi cabeza. La visión me dijo que escribiera de lo negativo para sacarlo todo, y luego quemarlo para liberarme de la crítica negativa dentro de mí mismo. Eso abrió espacio para que mi ser creativo escribiera lo que tenía que escribir.

El cobertizo vacío era yo. Con la negativa afuera, sabía que estaba esperando a ser llenado con lo positivo.

Capítulo 11

Maestro

Seguí topándome con el concepto de un maestro viniendo al mundo en el final de los días para mostrarnos el camino. Empecé a preguntarme si eso significaba el *camino a consciencia interior y espiritual.*

En mi lectura, el concepto del maestro aparecía en la mayoría de las religiones, lo que avivó mi curiosidad y me pregunté si podía encontrarlo a él o ella de la misma manera que encontré a Lobo Que Corre y el caballero negro.

El Regalo de Uriel

Me puse en un lugar cómodo, caí en meditación y oí estas palabras: *Aquel que camina en la Luz.*

Estas palabras se repitieron hasta que las escribí y tan pronto como lo hice; oí otro conjunto, el cual anoté.

Entonces sucedió una y otra y otra vez.

Esto es lo que escuché.

Aquel que camina en la Luz
Y lo hace con humildad
Puede pasar por donde otros no

El maestro será ridiculizado
Sus libros arrancados y quemados
Pocos verán la verdad
Aunque el día que el mundo sea destruido
Comprensión se levantará como un sol naciente

Entonces sus palabras serán buscadas
Y con miedo en sus corazones
Tratarán de levantarlo sobre los demás

Edward Spellman

Una ola de miedo correrá
A través de las huestes del hombre
Cuando piensen que el final ha llegado
Una vez más verán la profecía
Y tomarán lo que puedan

Falsos profetas los habrá en cada paso
Proclamando a todos
"La salvación es suya si me siguen"
¡Tengan cuidado! Porque predican la palabra corrompida
Sin embargo, creen en todas

Si no predican armonía
Y buena voluntad para todos
Tengan cuidado de a quien escuchan
Porque, aunque se proclamen profetas
No hay una sola verdad que se adapte a todos los hombres y mujeres, que no sea que TODOS son iguales a los ojos de la Divinidad

El Regalo de Uriel

Tengan cuidado, de aquellos que dan palabras bonitas
Puede que no sean todo lo que claman
El maestro viene crean o no
Él camina entre ustedes ahora
El recorre su camino en silencio
Y camina entre la multitud
Sean humildes ante su creador
Y vivan su vida
De una manera que los enorgullezca

Buscar al mensajero es la naturaleza de la humanidad
Aunque cuando lo encuentren
No lo pongan sobre un pedestal
Porque entonces el mensaje se perderá

Recuerden ahora si dice
Yo soy el maestro
Pueden estar seguros de que no es él

Al que buscan enseñará tolerancia

Edward Spellman

Y la interconexión de toda la vida
Él hablará de armonía e igualdad
Sin embargo, no predicará una palabra

Las manos de un comerciante
Y un corazón humilde
Es todo lo que tiene para ofrecer

Si al inicio encuentran falsos profetas
Ánimo y busquen de nuevo
Por si hay un maestro
Habrá muchos que dirán ser él

Sus milagros serán muchos
Sus apariencias divinas
Porque el falso profeta necesita sus milagros
Para anunciar su lugar en el mundo

No teman si encuentran uno
Porque su propia existencia
En este mundo y en este momento
Demuestra que hay un maestro

El Regalo de Uriel

*Un verdadero profeta no necesita fanfarria
Y él es el único que temen
Porque su verdad les dejará impotentes
Y la Verdad los hará libres.*

Eso me puso nervioso. Aquí estaba algo que hubiera preferido dejar oculto bajo la roca en el fondo de mi mente, que es exactamente el por qué lo dejé adentro... porque me puso incómodo.

Me senté un rato, absorbiendo lo que había oído, luego me levanté y mientras caminaba por la sala de estar, tuve otra visión. Fue tan fuerte que el impacto causó que me olvidara de adónde iba.

Un gran terremoto destruyó el mundo a mí alrededor, seguido por una monstruosa ola que inundó todo el paisaje y dejó todo limpio. Las aguas pronto retrocedieron dejando suelo fértil y semillas traídas desde muy lejos. Brotes comenzaron a salir de la tierra y en poco tiempo, había un frondoso bosque, donde momentos antes sólo había desierto.

Me pareció intensamente emocional, ya que me dijo que, si continuaba a lo largo del camino hacia la autoconciencia, mi percepción de mí mismo y mi realidad se harían añicos como lo mostró el terremoto.

Me dijo que, si seguía por ese camino, sería purificado y sanado, simbolizado por la sal en el agua salada de la marea.

Y me dijo que una vez que la destrucción de mi mundo y la curación ocurrieran, mi percepción de mí mismo y del mundo sería renovada, como lo demostraba el nuevo crecimiento del bosque.

Justo cuando terminaba de escribir la visión de los terremotos y maremotos, y aún con la pluma en la mano, tuve otra.

Yo estaba de pie sobre una meseta donde los colores eran más brillantes y el aire más despejado de lo que era usualmente. A lo lejos, se situaba un bosque denso y exuberante. Ante mí, un enorme edificio de piedra estaba en el centro de una plataforma elevada de piedra con siete escalones que corrían continuamente a su alrededor.

Me acerqué a la plataforma y subí los escalones hasta el edificio. Luego caminé alrededor de toda la estructura y no encontré ni ventanas ni puertas.

El edificio estaba hecho de grandes bloques de piedra labrada sin adornos y tenía forma de cruz cuadrada. Cada una de las cuatro alas tenía un techo abovedado idéntico que sobresalía de las paredes alrededor de medio metro, formando un alero curveado hacia arriba.

Desde donde se convergían las cuatro alas, una torre circular se elevaba a cerca de la mitad de la altura del resto del edificio.

Después de no haber encontrado ninguna entrada, me imaginé a mí mismo adentro, y de repente, lo estaba. El interior del edificio estaba iluminado desde una fuente invisible y tanto las paredes y el suelo estaban acabados en venturina verde pulida.

Entonces volví a mi casa de nuevo, pluma aun en mano.

Al preguntarle a Miguel sobre el edificio, me dijo que era el Depósito de Conocimiento y que existía dentro de una realidad alternativa.

El resto lo resolví yo mismo. El edificio no tenía ventanas o puertas, ya que existe como parte del ser interior, por lo que, para acceder a él, necesitaba emprender un viaje a la auto-conciencia.

Llegué a comprender que es accesible cuando el estudiante alcanza un determinado nivel de conciencia de sí mismo y madurez espiritual.

Venturina es la piedra de la oportunidad, y eso me dijo que mi camino crearía oportunidades mientras yo avanzaba.

Edward Spellman

Capítulo 12

Éxito

Una mañana tranquila, había estado hurgando por ahí haciendo algunas tareas domésticas cuando apareció otra visión. Era difícil de describir porque tenía dos partes separadas que se superpusieron en el centro.

Propagado por el paisaje frente a mí había una extraña visión de guerra en un lado, y la tala de un bosque en el otro.

En el lado izquierdo estaba el bosque talado, donde los árboles habían sido cortados. Mientras observaba, hombres y máquinas talaron y destruyeron todo. A la derecha, vi una guerra donde los hombres y las mujeres estaban cayendo.

Cuando miré al centro de la visión, era muy difícil enfocarme y encontré esa parte imposible de describir. No podía ver donde una parte de la visión terminaba y la otra comenzaba. Era como si dos dimensiones o realidades convergieran e interactuaran de tal manera que hacía imposible decir cuál era cuál. Era un caos.

A pesar de ser prácticamente imposible de describir, la dificultad que presentaba me mostró cómo interpretar la visión. Significaba que, en un nivel espiritual, no había diferencia entre la tala de un semejante hombre o mujer, o la de un bosque. Esto significaba que, así como nosotros tenemos alma, también la tiene el bosque.

Mientras trataba de asimilar lo que había visto, me llegó otra visión, casi antes de que pudiera respirar. Me vi de pie sobre una cornisa a medio camino de un acantilado que tenía varios cientos de pies de altura. Me quedé frente a una pared de piedra que bloqueaba completamente mi camino.

La repisa era de unos seis pies de ancho así que no había peligro de caer, aunque al mirar a mi derecha e izquierda, me di cuenta que no iba muy lejos en ninguna dirección y la piedra era lisa y dura. No había grietas o aberturas que me permitieran escalar ya sea hacia arriba o hacia abajo.

A mi lado en el suelo había un suministro de herramientas manuales de minero.

Mientras miraba el acantilado frente a mí, me pregunté qué representaba y sabía la respuesta. Esta era la tarea que me esperaba.

Entonces, estando en ese lugar donde no podía ir a la izquierda, derecha, arriba, abajo o hacia atrás, tenía dos opciones. Podía sentarme y no hacer nada o podía tomar las herramientas que se me dieron y abrirme paso. Si me sentaba allí y no hacía nada, sabía que iba a envejecer y morir. Tomé las herramientas y marqué en el acantilado la forma y tamaño de una puerta estándar de una casa.

Mientras cortaba la piedra, cuidé mantener las paredes, el techo y el suelo del túnel recto y liso con las esquinas limpias y finamente detalladas.

Cavé, concentrado en mi tarea hasta que mi cincel atravesó al otro lado. Me detuve por un momento, sorprendido de ver lo lejos que había llegado, y después terminé cuidadosamente mi túnel.

Al estar al final del túnel, se sintió como una puerta a otro mundo. Veía un mundo donde el aire era más limpio, el cielo era más azul, y los árboles y la hierba eran más verde. Tomé una bocanada de ese aire mágico y regresé a mi casa preguntándome qué había estado haciendo antes de que llegara la visión.

Comprendí que acababa de recibir más consejos acerca de mi libro y el viaje. La visión me dijo que, si quería tener éxito, en realidad no había más remedio que seguir adelante y que si me mantenía enfocado y utilizaba las herramientas que tenía a la mano, me abriría paso a través de todas las dificultades hacia un mundo que sería mucho más que el que habitaba.

El Regalo de Uriel

Edward Spellman

Capítulo 13

La Sala de Espera del Diablo

En mis sueños y meditaciones y en cada lugar que veía, me daban el libro; este libro, una y otra vez y otra vez. La cubierta era el color de la sangre y todas las páginas estaban en blanco.

Otra vez le pregunté a Uriel, *¿Por qué está el libro en blanco? ¿Qué se supone que debe ir en él?*

La respuesta siempre era la misma: Llena el libro con las cosas que ves. Llénalo con tu historia. En este momento esa es tu tarea.

Pero yo todavía no entendía por qué alguien estaría interesado en mis sueños, meditaciones y visiones. Y tenía miedo. El miedo es un arma poderosa y un adversario digno, y yo estaba aprendiendo que sólo estaba ahí para ser superado.

También seguí luchando con Jesús.

En mi mente, pisoteé y grité, *No puedo hacer esto*, y, al mismo tiempo, realmente, realmente quería.

¿Por qué yo?

Porque estás en el lugar correcto, hijo mío.

¿Qué demonios significa eso?

A veces todo el asunto realmente me molestaba y quería que él se fuera de mi vida. Me dijo hace tiempo que esto iba a pasar y juntos diseñamos una visualización para mí cuando me sentía enojado, frustrado o atemorizado. La visualización era de Jesús vistiendo una túnica y sandalias, levantando un pescado fresco de dos pies de largo, con el que procedía a golpearme en la cabeza. Tomamos este escenario de un sketch de Monty Python en una de sus películas, excepto que en la película era John Cleese con el pez, no Jesús.

Así que luché, y grité; pisoteé y maldije y ahí venía el pescado y yo estallaba en carcajadas porque Jesús estaba golpeándome en la cabeza con un gran mojado. Funcionó cada vez, pero yo siempre tendía a, ocasionalmente, hacer algo que ameritara el tratamiento del pez mojado.

Tal vez realmente seguiría luchando hasta que no tuviera por qué luchar.

A pesar de seguir discutiendo con él, sabía que al final él estaba haciendo, o guiándome hacía, la cosa o cosas y experiencias que eran inevitablemente en mi mejor interés.

¿Cuánto tiempo seguiré luchando? Me pregunté.

El Regalo de Uriel

En mis sueños el Arcángel Uriel me pidió que le hiciera un favor.

Por supuesto, cualquier cosa.

Escribe tu libro. Llena las páginas con las cosas que ves.

Esto estaba tan fuera de los límites de mi percepción de la realidad que, para ayudarme a lidiar con las visiones y las interacciones con Jesús, tuve que suavizarlo para mí y hablar de ellas como si fueran cosas de todos los días, y como si él sólo fuera otro amigo. Si tuviera que ver la enormidad de lo que me estaba pasando, no podía manejarlo.

Tenía un cobertizo en el patio que había convertido en un pequeño taller de cuero. Había estado trabajando en un bolso y estaba de pie, mirando por la ventana hacia el jardín, dejando que mi mente flotara en el banco de trabajo.

Edward Spellman

Mis manos aún sostenían la aguja e hilo cuando me encontré en una habitación de unos diez pasos cuadrados. Se sentía como una sala de espera, aunque una muy extraña. Un artista mediocre había pintado las cuatro paredes, techo y suelo con llamas.

No había ventanas o puertas, excepto por una pequeña puerta de plata en la pared del fondo que se parecía a la puerta de un horno o estufa. Era de unos dos pies de alto y medio metro de ancho. Frente a la puerta había tres filas de bancos hechos de restos de troncos y pintados de un color rojo brillante con cubiertas amarillas.

Las tres filas de banquillos se encontraban en la parte de atrás de la habitación frente a la puerta del horno y yo iba descalzo frente a la primera fila delante a la puerta.

Aunque no lo sentía, sabía que se suponía que la habitación fuera intimidante.

El Regalo de Uriel

La puerta se abrió lentamente y las olas de calor recorrieron la habitación: una desagradable sensación de calor, no el calor limpio del fuego, sino algo muy malo.

Por la puerta abierta una cara grotesca, similar a un humano, en el extremo de un tentáculo se deslizó a la habitación. De alguna manera sabía que esta cosa obscena con rostro, pero sin cabeza para hablar, era sólo una pequeña parte del mal que representaba.

La cosa se detuvo a unos pies de distancia en la habitación y se quedó mirándome. Pude ver el odio, la aversión y el deseo de infligir dolor sobre mí. Curiosamente, a pesar de que estaba tratando de proyectar estos sentimientos en mí, me quedé tranquilo.

Se acercó más y habló, y mientras hablaba gotas de ácido goteaban de su boca y chisporroteaba en el suelo. Dijo, *Pide cualquier cosa, cualquier cosa y podrás tenerla.*

A pesar de que eso fue todo lo que dijo, sabía que estaba ofreciendo cumplir cualquier cosa que yo deseara. También sabía el precio. El precio era todo, todo lo que soy; todo lo que podía ser, lo que incluía mi alma.

Sabía que éste lugar debía intimidarme para cometer un error y pedir algo, pero estaba protegido.

Una vez más, dijo entre dientes, *Pide cualquier cosa.*

Esta vez una pregunta surgió de las profundidades de mi mente y pregunté: *¿Cuántas almas tienen que venir a la Luz para salvar a la humanidad?*

Mi pregunta le hizo enojar y trató de adentrarse más en la habitación, pero fue detenido de alguna manera.

¿Cuántas almas tienen que venir a la Luz para salvar a la humanidad?

La entidad se enojó más y volvió a tratar de adentrarse más en la habitación, pero de nuevo se detuvo.

PIDE.

Esta vez había una amenaza de retribución en la forma en que me gritó, pero nada de eso me tocó.

Por tercera vez, le pregunté: *¿Cuántas almas tienen que venir a la Luz para salvar a la humanidad?*

Vi el odio que emanando de ella porque sabía que no podía tenerme. Se echó hacia atrás como una serpiente a punto de atacar y lanzó fuego directamente hacia mí.

Alcé los brazos por reflejo para proteger mi cara, aunque las llamas nunca me tocaron. Fuego rugió en la habitación, pero no me tocó. Bajé los brazos y vi las llamas detenerse y hacerse a un lado por un escudo invisible. Comprendí que estaba protegido de todo lo que la entidad proyectaba hacia mí.

Con el fuego aun rugiéndome, parpadeé y ya no estaba en esa habitación. Estaba de pie en el prado de una montaña bajo un cielo de verano con suaves y esponjosas nubes pasando y rayos de luz dorados acariciando mi cuerpo. Mis pies descalzos tocaban la suave grama verde; hice mi elección.

Entonces estaba de vuelta en mi cobertizo, mis manos a la mitad de lo que habían estado haciendo antes.

Alrededor de este tiempo, parecía que tan pronto como uno visión terminaba, otra venía y estaba abrumado. De repente estaba en medio de un océano tormentoso, con una ola tras otra chocando contra mí.

Y de nuevo, justo antes de que tuviera la oportunidad de comprender la última visión, llegó otra.

Frente a mí había una gran piscina con muchas pelotas de tenis siendo forzadas muy debajo de la superficie del agua. Mientras observaba, las pelotas de tenis eran empujadas más y más profundo.

Pronto noté algo de movimiento, una resistencia contra la fuerza de control, hasta que una de las pelotas de tenis se liberó y saltó a la superficie. La pelota saltó de la superficie de la piscina y volvió a caer para flotar a la luz del sol.

En poco tiempo, otras pelotas de tenis se liberaron y salieron a la superficie.

Y entonces volví, aun viendo por la ventana de mi taller.

Esto significaba que hay partes de mí mismo que he reprimido, ocultado tanto como pude, y que la misma fuerza que utilizaba para ocultar esas partes, sería la que las liberaría.

Eso quería decir que, al esforzarme en *no escribir* este libro, estaba generando la energía y la motivación para hacerlo.

Edward Spellman

Capítulo 14

El Viento Sopla, los Ríos Fluyen

Estaba sentado afuera, disfrutando del viento entre los árboles y pensando en cómo mis prioridades habían cambiado desde el accidente de auto. Mi negocio había estado bien antes y creciendo muy bien. Estaba pensando en venderlo y hacer algunos viajes. Ahora mi empresa no me interesaba en absoluto.

Mientras esos pensamientos pasaban por mi mente tuve una visión de un viejo barril de madera de manzanas, y todas las manzanas estaban podridas.

El Regalo de Uriel

Una mano apareció y colocó una manzana madura en medio de todas las manzanas que estaban podridas en el barril.

Vi cómo las manzanas podridas empezaban a cambiar. Primero las manzanas que fueron tocadas por la manzana madura maduraron. Luego, las manzanas que tocaron esas maduraron, hasta que en poco tiempo ya no quedaban manzanas podridas.

¡Agh! No quiero saber. No quiero saber. La, la, la, la, la.

Respiré profundo y me acerqué un poco. Caminé alrededor del barril, inclinándome para ver la manzana que había sido puesta ahí. La toqué con el dedo. ¿Qué había en esa manzana en particular que me afectaba tanto?

Quería ser la manzana madura, pero en realidad era el barril de manzanas podridas lo que me representaba. No quería ser un barril de manzanas podridas.

Quería pisotear y decir: *Quiero ser la manzana madura.*

¿Qué la hizo cambiar?

¿Qué me hizo cambiar?

Entonces supe qué era la manzana: una idea, un concepto, una tarea. La manzana era el proceso de volverse consciente de uno mismo, y la mano que la puso ahí pertenecía a Jesús.

Seguir su consejo llevaría a que fuera rejuvenecido y renovado. No sabía si eso se refería a físicamente, espiritualmente, emocionalmente o las tres, pero de repente sentí emoción en lugar de miedo.

Aparte de las visiones y los sueños, también hubo momentos en los que tres o cuatro palabras se repetían en mi mente y la única forma de detenerlas era escribirlas. Tan pronto como lo hacía, las próximas tres o cuatro palabras vendrían, y así continuaba hasta que lo que sea que fuera estuviera completo.

Dos días después de la visión de las manzanas éstas palabras resonaron en mi mente; *El viento sopla, los ríos fluyen, el viento sopla, los ríos fluyen; el viento sopla, los ríos fluyen.*

Sabía muy bien el juego para ese entonces y sabía que las palabras se repetirían hasta que las anotará, así que comencé a escribir:

El viento sopla, los ríos fluyen.
Las montañas se elevan, las montañas caen.
La humanidad se arrastra desde el lodo primitivo
Para levantarse sobre la Tierra.
La humanidad se levanta, alcanza las estrellas, y cae. ¿Por qué?
¿Acaso no está hecha a la imagen de Dios?
¿Acaso no está hecha para gobernar la Tierra?
¿Debería no caer, sino seguir levantándose?

Edward Spellman

La humanidad se levanta y cae, otra vez.
Desconcertada, se pregunta por qué.
¿Acaso no está hecha a la imagen de Dios?
¿No es Él, por tanto, el ser supremo?

¿Debería no caer, sino seguir levantándose?
Levantarse para ser todo poderoso.
La humanidad se levanta. Cae, de nuevo.
Confundida, se detiene y mira a su alrededor.

La humanidad se levanta para gobernar la Tierra.
Cae, de nuevo.
¿Es verdad, o no, que el hombre fue hecho para regir la Tierra?

La humanidad tiene un alma.
¿Qué hay de las aves o los peces?
¿Qué hay de las rocas, los árboles, los animales?
¿Tienen ellos, o no, un alma?

El Regalo de Uriel

*En un universo tan grande y diverso como éste,
¿moldearías, si fueras la Creación, sólo una cosa
con un alma inmortal?
Piensa con tu corazón, no con tu ego.
En mi opinión, del más pequeño al más grande,
del animado al inanimado, todas las cosas creadas,
tienen un alma igual a la nuestra.*

*La humanidad se levanta. La humanidad cae.
¿Por qué?
La humanidad cae y se levanta de nuevo.
¿Es ella ama, o esclava, o es compañera en su destino?*

*Cuando la verdad acepte, no volverá a caer, lo superará.
Entonces si se levanta; no volverá a caer.*

*Ya no tendrá que luchar en el planeta, su hogar.
Sino tratarla, con el respeto que, como nuestra Madre, se merece.*

Edward Spellman

Porque roca y árbol, hombre y planeta, el sol y las estrellas, son todas partes de uno todo.

Nuestro planeta, Gaia, da libremente de su abundancia.
Con respeto, debemos tomar sólo eso, lo que necesitamos para sobrevivir.

La humanidad se levanta, y de la mano con la Tierra, nuestro hogar.
Seguirá adelante, para cumplir nuestro destino.

Después de esperar un par de minutos para asegurarme de que el flujo de palabras había terminado, volví a leer lo que había escrito.

Creo que aturdido y estupefacto son las palabras adecuadas para lo que sentí. Sacudí la cabeza y me pregunté, *¿Qué demonios está pasando conmigo?*

Sólo respira.

El Regalo de Uriel

Edward Spellman

Capítulo 15

Edward

Por un año, el grupo de personas que conocí en las clases de desarrollo personal y psíquico de Jayson se reunieron en mi casa los sábados en la noche, lo que seguido incluía mensajes canalizados del Espíritu.

Uno de los canales del sábado en la noche con Jayson fue interesante. Pero, de nuevo, siempre lo eran. La energía que conocimos esa noche era de una persona que había fallecido recientemente, lo que era inusual. Igual de inusual, era de alguien famoso. La energía era femenina, y vino a nosotros un año después de su muerte.

Mientras hablaba con cada uno de nosotros por turnos ella nos pedía que dijéramos nuestros nombres. Cuando llegó mi turno ella pregunto. "¿Cuál es tu nombre?"

"Dush," contesté con mi apodo. Por la mayor parte de mi vida me había negado a ser llamado algo diferente, especialmente mi primer nombre.

"No te llamaré así. ¿Cómo fuiste bautizado?"

De mala gana, contesté, "Edward."

"Un nombre real. Te llamaré Edward ".

Tuve la impresión que ella estaba feliz por hacerme admitir mi nombre. Como si fuera algo en su lista de cosas por hacer que ahora podía tachar.

"Gracias."

Eso me dejó sorprendido y se sintió como una parte importante de mi viaje hacia la auto-consciencia, dejar de negar mi nombre.

Edward Spellman

Nunca antes había permitido que alguien me llamara Edward, y de repente, me gustaba. Era como si me acabara de dar cuenta que yo era Edward, y Dush había pasado a un segundo plano.

En medio de la preparación de mi cena, me encontré caminando por el prado de una montaña, con un bastón conocido en mi mano derecha. Lo había metido en un charco de agua en otra visión.

Llegué a un edificio de piedra que me permitió entrar, como si me estuviera esperando. Adentro había todo tipo de objetos útiles apilados en estantes y agrupados en alcobas. Había un primer nivel de habitaciones, una habitación de sótano y un segundo nivel debajo del techo de piedra.

Todo el edificio era un almacén y de alguna manera, sin ser dicho, sabía que todo en él era parte de mí y reflejaba lo que estaba aprendiendo entre las experiencias y escribirlas en mi libro.

La visión me dijo que había más de mí de lo que sabía y que si continuaba, descubriría y revelaría más de lo que posiblemente podía imaginar.

Durante otra sesión de canalización con Jayson, Jesús preguntó, "Piensa en esto: ¿cómo te sentirías si tuvieras que cargar todo lo que posees en tu espalda?"

"Ahora piensa en esto: ¿cómo te sentirías si pudieras llevar todo lo que posees en tu espalda?"

Luego preguntó, "¿Y si todo esto es sólo el campo de entrenamiento?"

Si todo esto es sólo el campo de entrenamiento, pensé, desearía saber para qué es el entrenamiento.

Natha, uno de los regulares de los sábados por la noche, decidió que estaba harto de Canberra e iba a mudarse de ciudad, probablemente a Sídney.

En cuestión de semanas, pasó de ser una persona mudándose a Sídney a seis personas mudándose a Melbourne. Se me preguntó, junto a mi pareja de ese entonces, si me uniría a ellos.

"No puedo mudarme a Melbourne," dije. "Tengo una casa, una hipoteca y un negocio aquí. No puedo darme el lujo de mudarme."

Después de decir que no podía permitirme mudarme, se me preguntó: "¿Y si te declaras en quiebra?"

"No puedo declararme en quiebra," dije, mi ego saltando a protegerme.

Pero esa pregunta de uno de mis amigos me hizo pensar. Mi casa estaba hipotecada al máximo ya que había estado viviendo del capital desde el accidente de auto cuando mi negocio prácticamente murió. Aun trabajaba un poco, pero realmente no estaba ganando suficiente para pagar las cuentas. Cuando hice una proyección financiera de mi negocio de instalación de bloques de vidrio, pude ver que estaría en quiebra antes del fin del próximo año de todos modos.

Después de pensar en la bancarrota por un par de días, decidí hablar con mi contador.

Una hora y media de tanto mi contador como su jefe dándome una serie de razones por las que no debería de declararme en bancarrota y todavía no estaba seguro de qué hacer. ¿Debería declararme en bancarrota o quedarme y tratar de resolverlo?

Fui a casa y lo pensé. Estaba acostado en el enladrillado de mi área de barbacoa y viendo las nubes pensando en todo lo que los contadores dijeron. Me alentaron a conseguir un segundo empleo y trabajar, trabajar y trabajar: hacer lo que sea para evitar la quiebra. La verdad era que desde el accidente usualmente me tomaba cerca de una semana recuperarme del trabajo de un día. No creí que pudiera manejar un segundo empleo.

Luego estaban las visiones y cómo se me había prometido un cambio de dirección para mejor después de un tiempo de tumultuosa confusión.

¿Podría mudarme a Melbourne ser parte de eso?

La visión, *Sigue la cascada de tierra*, me mostraba que un nuevo camino se abriría para mí después de que terminara el libro, pero Jesús me dijo que eso tomaría al menos diez años.

Qué mal.

La visión, *No lucharé más jamás*, me mostraba que un aspecto de mi pasado volvería a mi futuro presente y que dejaría de resistirme a mi camino.

Mientras pensaba, estaba viendo las nubes, observando sus formas: entre las nubes que estaba mirando un fénix se levantó de las cenizas y todas mis dudas sobre mudarme a Melbourne se fueron.

Sabía que, de alguna forma, me levantaría de las cenizas de mi propia destrucción como lo hizo el fénix.

También había visto una premonición un par de días antes de mí mismo si me quedaba donde estaba y si seguía haciendo lo que había estado haciendo. En la premonición estaba gordo y paralizado por la artritis.

¡Así que! Me declararía en bancarrota.

Capítulo 16

Una Invitación

Nuestra canalización del sábado por la noche volvió y llegó mi turno de hacerle una pregunta a Miguel. "¿Por qué tengo la habilidad de volver en el tiempo durante la meditación?"

"Tienes esa habilidad para que puedas volver y revisar detalles de las cosas que escribes," vino la simple respuesta. Hubo una corta pausa antes de que volviera a hablar. "Jesús tiene un favor que pedir."

Sentí una oleada de emoción curiosa ante la solicitud. "Sí, claro, lo que sea."

"Él pide que vuelvas atrás y veas su crucifixión."

Internamente, no estaba muy seguro de poder hacer eso, pero dije, "Puedo hacerlo." Podía sentir el cabello en mi cuello erizarse mientras mi mente gritaba ¡No, no, no, no, no!

La petición de Jesús me aterraba.

Sabía que volver para ver la crucifixión de Jesús sería algo doloroso para mí. Aunque había dicho que sí, no me sentía listo para enfrentarlo.

En vista de que me estaba mudando a Melbourne y ya no tendría acceso a la granja de mamá y papá, acampé ahí por unos días antes de la gran mudanza. Fui a meditar, a solicitud de Jesús, cerca del árbol más viejo de la granja.

Era un árbol antiguo y me sentí atraído a él, más aún cuando sugirió que me sentara con él y meditara.

Edward Spellman

Me pregunté, *¿Qué está planeando?*

Una vez en la granja, acampé en un lugar que mi familia y yo llamábamos Deer Valley, que quedaba bastante cerca de donde se encontraba el viejo árbol.

Temprano en la primera mañana ahí caminé hasta el viejo árbol, estiré mi poncho en el suelo no muy lejos de él y me senté a meditar.

Mientras estaba meditando, me vi a mí mismo caminando por el arbusto hacia mi campamento con un bastón torcido en mano. Cuando abrí los ojos y parpadeé un par de veces miré justo delante de mí una rama de árbol que sería el bastón que vi en mi mano mientras meditaba.

Viendo la rama, que era en realidad un tronco, ya que el árbol era una especie de mallee. Tenía múltiples troncos y crecía a sólo unos cuatro metros de alto. Me pregunté, ¿por qué Jesús quería que tuviera un bastón de ese árbol en particular?

El Regalo de Uriel

Elegí no dudar mi guía y corté el bastón. Con profunda gratitud, agradecí al árbol por su regalo y caminé de regreso al campamento.

Estaba lloviendo ligeramente y el viento estaba soplando en ráfagas y arremolinado cuando me senté al lado de mi fogata y recorté mi bastón. Raspé toda la corteza de árbol mientras me sentaba en el viento y la lluvia. Una vez que había quitado la corteza, pasé el bastón por las llamas para secarlo un poco, luego restregué tierra sobre él. Mi bastón nació en tierra, aire, fuego y agua.

No estaba seguro de cómo o por qué eso era importante, pero estaba seguro que lo era.

Para Navidad, estaba en quiebra y había vendido casi todo lo que poseía, recaudando dinero para mudarme de ciudad y volver a empezar.

Edward Spellman

Mi negocio no era vendible, ya que había estado perdiendo dinero de forma constante desde julio del 96. Accidentes de autos y empleo independiente no parecían ser compatibles. Vendí el equipo que pude para la mudanza y logré conseguir cerca de diez centavos de dólar por mis muebles.

La visión de mi línea de vida me dio esperanza y me llevó adelante. Quizá de esto se trataba todo.

El Regalo de Uriel

Edward Spellman

Melbourne
1999-2005

El Regalo de Uriel

Edward Spellman

Capítulo 17

Dedos Sangrantes

Llegamos a Melbourne y al final fue extraordinariamente fácil dejar todo atrás. Llamé al banco y les dije que ya no podía cubrir los pagos de la hipoteca y les dejé las llaves de la casa en Canberra. Por mientras, había visiones, sueños y profecías dando vueltas por mi mente, totalmente revuelto. Necesitaba tiempo y espacio para averiguar lo que estaba pasando en mi cabeza.

Por favor, por favor, por favor, deténganse.
Por favor, necesito un descanso. Necesito tiempo para entender lo que me está sucediendo.

Por un tiempo las visiones se detuvieron y comencé a entenderlas. Al menos, eso pensé.

Caminé mucho, tratando de entender por qué estaba teniendo estas experiencias. Aunque descanse un poco, mi mente aún estaba llena de todo lo que había pasado; era como un remolino en medio de los rápidos, como la tumultuosa confusión que habían mencionado.

Escribí mucho pero cada vez que mi mente se despejaba y pensaba, *Lo tengo*, la confusión regresaba y mi mente caía en picada.

El Espíritu había dicho, *De la confusión viene la claridad.*

Así que supuse que la claridad vendría, aunque estuviera impaciente.

Sabía que la malinterpretación de las visiones causaba la confusión, pero no quería reconocerlo. Si las interpretaba correctamente, mi mente se aclaraba y la niebla se levantaba. Si las interpretaba incorrectamente, mi mente daba vueltas y la niebla descendía.

Desde que puedo recordar, había estado viendo un par de sandalias de cuero con largas correas que se envolvían en los tobillos, colgando de un perchero al fondo de mi cabeza. Un día en Melbourne, sentí el intenso deseo de hacerlas.

Me tomó un par de días obtener los materiales y encontrar un patrón que coincidiera con lo que había estado viendo, el cual vino de uno de mis libros de trabajos de cuero. Encontré un trozo de 5mm de piel de toro en una curtiduría para la suela de abajo, más dos pequeñas hebillas y dos anillos de cobre. Tenía una pieza de cuero repujado de 3mm que me quedó de unos bolsos que había hecho, para la suela de arriba. Encontré pequeños clavos de cobre en una tienda mayorista para clavar las suelas superiores e inferiores juntas, las que también pegué con una solución de caucho.

Había un bucle para el dedo grande y uno más grande para los demás dedos y luego las correas iban hacia atrás, cruzando por arriba del pie, entre los bucles en cada lado y se envolvía en el tobillo y la pantorrilla. Una vez que estaban terminadas, me las puse y fui a caminar, llevándolas a las tiendas locales para ver cómo se sentían.

La primera persona que me encontré cuando llegué me miró y me dijo, "Me gustan tus sandalias de Jesús."

Y ahí estaba yo pensando que había terminado. Que tal vez ya no habría más cosas raras pasándome. Y entonces Jesús uso un par de sandalias para decir hola de una manera que no me asustaría.

Supuse que eso significaba que mi descanso había terminado.

Un par de semanas después, soñé que tomaba un pedazo de cuero y un poco de hilo de lino encerado y unía mi bola de cuarzo claro de cincuenta milímetros a la parte superior del bastón que obtuve de la granja de mamá y papá. Tuve que cortar el cuero para que cuando lo envolviera en la bola de cristal, hubiera un círculo en la parte de arriba y cuatro formas de lágrimas en los lados del cuarzo expuesto, uno en cada cuarta parte. Esta pieza de cuero estaba envuelta en la bola de cristal y las puntas estaban unidas al bastón con el hilo de lino encerado.

Desperté divertido por el sueño porque era algo que no pensaría en hacer por mí mismo. Así que, por diversión, lo hice.

Reduje un poco la longitud del bastón para alinear la bola de cristal con la altura de mi ojo mientras estaba descalzo, porque así estaba en el sueño.

El Regalo de Uriel

Las cuatro formas de lágrima simbolizaban fuego, agua, tierra y aire. El círculo expuesto en la parte de arriba simbolizaba el Espíritu. Las cuatro áreas en forma de lágrima también simbolizaban los arcángeles: Miguel como el representante del fuego; Gabriel como el representante del agua; Uriel como el representante de la tierra, y Rafael como el representante del aire. El círculo también simbolizaba la conexión consciente con lo Divino.

La atadura de cuero simbolizaba mi pasión por el trabajo con cuero. Eso me dijo que donde me llevara mi viaje, estaría apasionado al respecto.

La noche después de fijar la bola de cristal a mi bastón, tuve otro sueño al respecto. Soñé que incrustaba cuatro espirales de cristales y tallaba cuatro nombres de antiguas runas de poder entre ellos. Coloreaba las runas de rojo con tinta de sangre de dragón y los cristales que usaba en el sueño eran granate, lapislázuli, esmeralda y citrino. Uno de esos cuatro nombres que tallaba era la tercera entidad espiritual sobre el accidente de coche, al que yo llamo Farronell.

De nuevo, hice lo que el sueño indicaba. Me tomó tres días, pero lo hice. Se veía bastante bien, como el bastón de un hechicero.

Pero, otra vez, soñé sobre el bastón, aunque pensé que estaba terminado.

Ese sueño me mostró uniendo el bastón para tener otros trecientos milímetros con una espiral de cuero que estaba atada a cada extremo con hilo de lino.

Eso era fácil: sólo tomó cerca de una hora. Entonces definitivamente se veía terminado.

Utilicé el mismo cuero que había usado para atar la bola de cristal para esa atadura; sólo que ésta vez usé una tira larga de uno veinte milímetros de ancho.

Me gustó bastante la versión mejorada de mi bastón. Si hubiera sido un hechicero, me hubiera quedado perfecto.

Entonces soñé que tallaba la profecía entera, la que Jesús me había dado en Canberra, en una espiral a lo largo del bastón.

Sólo me reí y dije, No va a caber.

La noche siguiente, tuve el mismo sueño. En él, tallaba la profecía entera en runas y las pintaba de rojo con tinta de sangre de dragón. No creí en el sueño. Me decía que la profecía cabría, pero yo no lo creía. Hubiera tenido que tallar más de mil doscientas runas en ese pequeño pedazo de madera. La parte que quedaba para tallar era de sólo 93cm de largo. Simplemente no se parecía suficiente.

Noche tras noche, tuve el mismo sueño. En el sueño, estaba sentado tallando la profecía en la madera con sólo un pequeño cúter y mis manos desnudas, cortando meticulosamente y tiñéndolas en un camino en espiral.

Noche tras noche, recibía la misma orientación: la profecía cabría en el bastón.

No pude, no podía, convencerme. Lógicamente, en mi mente, la profecía completa nunca cabría en ese pequeño trozo de madera.

Una y otra vez en mi mente, dije, *No cabrá. No cabrá.*

Jueves 7:00 a.m.

Tuve el mismo sueño por diez noches seguidas y estaba enloqueciendo. Estaba volviéndose más y más exigente e insistente.

No cabría; sabía que no lo haría, pero viendo que él no lo dejaría pasar, tendría que demostrarle que la profecía no cabría en mi bastón.

Jueves 5:00 p.m.

Un pequeño, "Ups, sí cabe," salió de mis labios.

Había pasado todo el día haciendo el ridículo. No sé por qué pensé que Jesús me pediría hacer algo que era imposible. Debí saberlo, él sabría que cabría.

Había pasado el día acomodando la espiral necesaria como se me había mostrado en el sueño y dibujé la profecía en el bastón con un marcador negro a prueba de agua. Marqué todas las runas que conformaban la profecía en el bastón, y se ajustaban perfectamente. Me sentí un poco, o quizá muy, avergonzado por mi berrinche gritando, *¡No va a caber!*

Decidí empezar a tallar las runas al día siguiente.

No volví a soñar con tallar la profecía en el bastón una vez que empecé, lo que fue un alivio, pero tuve otro sueño.

Estaba haciendo todo lo que necesitaba para ir en un viaje solo en un territorio anteriormente desconocido. En el sueño, era claro que no podía hacer el viaje hasta que yo personalmente hubiera hecho todo lo que necesitaría.

No entendí.

Después del primer día de tallar y teñir las runas mis dedos estaban adoloridos y amoratados por usar el pequeño cúter en madera dura. Pensé que probablemente tomaría semanas terminarlo.

Diez días después, aún estaba tallando runas. Mis dedos estaban magullados y sangrando con pequeños cortes del cúter así que decidí descansar un par de días para dejar que mis dedos sanaran.

El sueño de la autosuficiencia por su parte, venía todas las noches desde la primera vez. Era siempre el mismo sueño, y sin embargo, cada noche era diferente. En el sueño, hacía todo lo que necesitaba para el viaje que el sueño creía que iba a realizar.

Aún no entendía y no había soñado sobre el bastón desde que comencé a tallar las runas, pero continué trabajando en el bastón. Trabajé en eso un par de días hasta que mis dedos estaban demasiado adoloridos para continuar, luego tomé un par de días de descanso mientras mis dedos sanaban. Era doloroso, pero no hubiera podido detenerme, aunque quisiera, lo que no quería.

Seguí tallando, determinado a terminarlo.

Todavía tenía el mismo sueño donde hacía todo lo que necesitaba para mi viaje, cada noche mientras tallaba el bastón, y aun así no podía, en ese momento, entender lo que significaba. Mientras más trataba de entenderlo, más preguntas tenía.

Finalmente tallé y teñí la última runa. Me había tomado casi dos meses tallar y teñir cerca de cuatrocientas runas y sentí que todo el tiempo estuve esperando a que mis dedos dejaran de doler para hacer más.

El bastón se veía muy bien y estaba muy orgulloso de lo que había logrado.

Aquí está la profecía, que me dio Jesús, y luego tallé en mi bastón: (Interpretado en el capítulo 46.)

1:1 En los días que lleven número nueve,

1:2 del Nuevo Mundo se levantará, el profeta Elías,

1:3 para dar luz y desplegar la Fe del Único,

1:4 para expresar la palabra de la Divinidad,

1:5 en un tiempo en que la oscuridad y la luz

1:6 luchan por el dominio en el mundo del hombre.

El Regalo de Uriel

2:1 Los ángeles caminarán de nuevo
2:2 en la superficie del mundo,
2:3 y sus hijos cantarán canciones de celebración,
2:4 anunciando el retorno de la novedad,
2:5 y el renacimiento de Jerusalén.

3:1 El reino de la Diosa estará completo,
3:2 con los Señores una vez más,
3:3 y el renacimiento, e inicio tras inicio,
3:4 afectará al mundo y las personas de todas las tierras.

4:1 Luz será vista por la eternidad por todas las tierras
4:2 mientras la oscuridad se arrastra entre la desesperación
4:3 intentando disimular,
4:4 y despertar los temores de muchos,
4:5 los temores de muchos son realmente los temores de uno,

4:6 y el uno, es el ser.

5:1 Sueños del cielo muchos deben vender,
5:2 los crímenes de uno traerán consigo
5:3 el anuncio del infierno.

6:1 Falsos profetas montan sobre los vientos de miedo,
6:2 aliento de dragón enciende el miedo,
6:3 en el corazón del hombre y la mujer.

7:1 Avaricia es el núcleo para la comprensión de lo viejo,
7:2 lo viejo es el núcleo para establecer lo nuevo.
7:3 A medida que caen las estrellas y los mundos tiemblan,
7:4 el brillo de la verdad puede llegar demasiado tarde.

8:1 Miedo a la profecía y la verdad se encuentran todavía,

El Regalo de Uriel

8:2 el corazón del hombre,
8:3 una piedra a romperse a voluntad.

9:1 En una tierra donde las amapolas altas crecen,
9:2 y son despiadadamente cortadas en pedazos,
9:3 se elevan las estrellas de la Cruz del Sur,
9:4 para traer un fin al saqueo.

10:1 De la paz en la Tierra y buena voluntad para todos,
10:2 algunos podrían conocerla,
10:3 pero traerá la caída de todos.

11:1 Todo lo que es podrá volver,
11:2 aquello que no posee poder.
11:3 Recorre los caminos que conducen al corazón,
11:4 desde el corazón, el alma empieza,

11:5 de los sueños y los deseos, la vida se convierte en arte.

12:1 La paz es el don que no se puede sostener,
12:2 el sonido de la campana, anuncia la caída, del infierno.

Después de haber terminado el bastón, pregunté para qué era, y se me dijo: *Para ayudarte en tu viaje.*

Ya que mi viaje era a la auto-consciencia, eso significaba que tenía mi bastón y la profecía tallada en él para ayudarme.

Me pregunté, pero, ¿cómo? ¿Cómo iban a hacerlo?

Alrededor del mismo tiempo que terminé de tallar el bastón se me dio un mensaje del Arcángel Miguel, *Tu mente llamará a tu vida pasada al progresar en el equilibrio de tu entrenamiento, lento al inicio, más rápido después. Hay una razón para esto. Debes ser capaz de resistir el encanto de antiguos lazos familiares y naciones, amigos y el hogar. En tu caso, eso es particularmente vital, Edward.*

Y me pregunté, *¿Se supone que debo permanecer en un estado de tumultuosa confusión?*

Edward Spellman

Capítulo 18

Autosuficiencia

Cada noche mientras estuve tallando la profecía, tuve un sueño repetitivo. A diferencia de los insistentes sueños de tallar el bastón, era una continuación del mismo sueño de autosuficiencia. Se sentía como leer un libro ya que cada noche yo comenzaba desde donde lo había dejado la noche anterior. El sueño completo tomó dos meses.

Durante esos sueños, yo seguía haciendo todo lo que necesitaba para mi viaje solo. Tenía que buscar los materiales, aprender nuevas habilidades, buscar consejo, diseñar y hacer todo lo que necesitaba, lo que incluía ropa, una botella de agua, cinturón, zapatos, cuchillo, mochila y poncho a prueba de agua, así como hornear mis propios pasteles de viaje.

El sueño comenzó la noche después de mi primer día tallando la profecía y continuó hasta que terminé. Mi viaje en solitario de alguna manera estaba corriendo en paralelo con, o en tándem con, la profecía en el bastón, pero realmente no entendía por qué.

Entendí el aspecto de autosuficiencia, así como emprendí éste viaje a la autoconsciencia solo y nadie podía ayudar, y hacerlo por mí.

Los sueños también me dijeron que me volviera autosuficiente espiritualmente; que lo hiciera yo mismo, que escuchara mi propia orientación interior y confiara en ella.

Edward Spellman

Después de dos meses del mismo sueño, di la bienvenida al cambio y terminar de tallar la profecía había provocado uno nuevo.

Estaba de pie en el camino de un bosque, rodeado de niebla densa—la niebla del tiempo. Vestía la ropa y zapatos que había hecho en el sueño pasado, y tenía todo lo demás conmigo. En mi mano derecha, sostenía el bastón terminado.

La niebla se arremolinó y se elevó en el viento y era tan densa que no podía ver mis pies. Tomé un paso adelante, tentativamente sintiendo mi camino con el bastón terminado. Estaba aprendiendo a confiar y poner un pie a la vez en mi nuevo camino.

Di otro paso, luego otro y otro. Con cada paso, la niebla disminuía y pronto vi el camino delante de mí, así que me moví hacia adelante con confianza.

Me pareció que sería difícil ver lo que se suponía que debía hacer después por un rato, pero eventualmente llegaría a donde iba, despacio y paso a paso.

Seguía escuchando a Jesús decir, *Recuerda, Edward, todo está conectado.*

Por este tiempo, estaba comenzando a pensar que yo era un poco extraño. Parecía que la mayoría de las personas no tenían experiencias como éstas, pero al mismo tiempo, no iba por ahí hablando al respecto, o preguntando a otros si tenían visiones, así que, ¿cómo iba a saber? Vi a personas vivir sus vidas a diario y creí, por mis observaciones, que ellos no estaban viendo visiones, pero no estaba tan seguro como para preguntar.

Había encontrado un parque con algunos hermosos árboles viejos donde, de vez en cuando, me sentaba a meditar. Un día estaba meditando bajo un particularmente hermoso árbol viejo cuando tuve una visión de un claro en un bosque en el lado de la montaña. Y, por extraño que parezca, estaba preparándome para crucificarme.

Desde el lado del claro donde el crucifijo se iba a levantar, había una hermosa vista hacia abajo a lo largo de un hermoso valle del río, con el fresco aroma a selva en el aire.

Tenía tres clavos en la mano izquierda. Eran de unos seis o siete pulgadas de largo, las cabezas de los clavos eran circulares y de una pulgada, y los tres clavos eran lo suficientemente afilados para perforar la piel sin más fuerza que su propio peso; había hecho éstos clavos yo mismo.

La cruz se encontraba en el suelo al lado del extremo del claro más alejado del valle y un agujero fresco había sido cavado para sostenerla.

Me acerqué y me tumbé en la cruz. En mis muñecas y pies había marcado las posiciones para los clavos. Le pasé un clavo a alguien; esa persona también era yo.

Con un poco de ayuda de mí mismo, me clavé a la cruz y me levanté. Colgué allí por un tiempo ya que mis amigos estaban teniendo un día de campo en el borde del claro.

A medida que el día llegaba a su fin, de repente ya no estaba crucificado y no había señal de haberlo estado.

La visión me dijo que me había estado crucificando a mí mismo porque Jesús y Uriel habían sugerido que escribiera un libro, pero por suerte, eventualmente lo haría. También estaba aprendiendo a rendirme a lo Divino y seguir mi dirección.

No mucho después de esa visión, estaba camino a mi casa desde el Centro Comercial Chadstone cuando una visión intensamente emocional me golpeó con fuerza. Casi choco el auto.

Edward Spellman

Aunque estaba conduciendo, también me encontré sentado de piernas cruzadas en la abundante y húmeda tierra del suelo de un bosque. Enormes eucaliptos se levantaban y helechos me rodeaban. Todo a mi alrededor estaba bajo una sombra profunda.

Mientras estaba sentado, las lágrimas brotaron de mis ojos y corrieron por mis mejillas, haciendo difícil conducir. Profundos sollozos emocionales salían de mi garganta. Podía sentir la enfermedad o malestar en la Madre Tierra, y sentí el amor, la compasión y la empatía de ella.

Las lágrimas rodaron por mis mejillas mientras me inclinaba hacia adelante y ponía mis manos, con las palmas abajo y mis dedos estirados, en la abundante tierra sombreada frente a mí. Mientras mis manos tocaban la tierra, sentí movimiento debajo de ellas; como olas expandiéndose en un estanque después de lanzar una piedra en el. Luz llegó, llevándose la sombra y sanando la Madre Tierra. Pronto el bosque estaba envuelto en luz dorada y todo estaba sano de nuevo.

La experiencia me dejó con un intenso sentido de satisfacción y gozo, y por supuesto, un rostro mojado.

Había estado caminando mucho tratando de resolver la rigidez en mi cuerpo de tantos años poniendo ladrillos y reventándome después del accidente, también tratando de averiguar lo que me estaba pasando. Comencé a ver, cada vez que cerraba los ojos, letras hebreas escritas en fuego. Pasaban por el cuadrante superior derecho de mi vista. No importaba por cuánto cerrara los ojos, estaban ahí y continuaban de la misma manera; dos o tres caracteres por segundo.

La escritura hebrea en fuego había estado ocurriendo todo el día. En la noche mientras trataba de dormir continuó sin descanso, manteniéndome despierto por horas y así continuó por dos días y medio.

Se detuvo durante dos semanas y luego volvieron por un par de días más.

No tenía idea de lo que significaba.

Me estaba volviendo loco tratando de entender las letras hebreas de fuego. Sabía que eran la *Palabra de Dios*, pero ¿por qué había estado viéndolas? ¿Qué *quería* de mí? ¿Por qué no podía dejarme solo?

Durante cinco meses tuve los números de teléfono. Cogía el teléfono y comenzaba a marcar y colgaba el teléfono. A veces, incluso terminaba de marcar, pero colgaba el teléfono antes de que alguien pudiera responder. Debo haber intentado llamar por lo menos un centenar de veces.

Entonces, un día, tuve el valor necesario.

Con mi curiosidad en plena marcha, llamé tanto al obispo católico de Melbourne y al rabino más prominente que pude encontrar en la guía telefónica para ver si podía conseguir ayuda de por qué estaba viendo letras hebreas de fuego y lo que significaban.

No pude pasar de ninguna de sus secretarias, quienes se enojaron y me acusaron de estar perpetuando un engaño.

Nunca logré saber a qué le tenían miedo, pero asumí que tenían miedo debido a su enojo.

El tiempo pasó y le pregunté a un par de sacerdotes sobre las letras hebreas de fuego pero tampoco tenían respuestas para mí.

Pasó más tiempo y cada vez que tenía la oportunidad preguntaría: *¿Por qué veo letras hebreas de fuego? ¿Qué quieren decir?*

Nadie tenía respuesta.

Y otra vez más tiempo pasó y me desperté en la oscuridad de la noche y escribí furiosamente en mi diario a luz de las antorchas. Estaba frustrado por no saber, así que escribí, *¿Por qué la escritura fuego? Letras hebreas, escritas en el fuego son la Palabra de Dios; eso lo entiendo. Pero lo que no entiendo es lo que dicen y por qué me las estás presentando.*

Tan pronto como terminé de escribir mis frustraciones, vino la respuesta:

En lugar de pensar en lo que significan las letras hebreas de fuego como la palabra escrita, piensa en lo que quieren decir simbólicamente. Son mi marca comercial de alguna manera, y quiero decir: yo soy Dios, y siempre estoy aquí. Tengo acceso a ti en todo momento, y también puedo hablar contigo en un idioma que tú piensas que no entiendes. Caso en cuestión, el simbolismo. Significan que soy inmanente y estoy interesado en tu vida, Edward, hijo mío. También entregan información que requieres en tu viaje y esto se filtrará en los momentos adecuados. Las letras hebreas de fuego tienen tantos significados para ti y mientras pienses en ellas, ellas vendrán a ti.

Habiendo recibido mi respuesta, escribí, *Es bueno finalmente recibir algunas respuestas y entender. Es genial. Gracias.*
Me fui a dormir con una sonrisa en mi cara.

Edward Spellman

Capítulo 19

Mi Armadura de Oro

Estaba extrañando la granja de mi familia así que me puse en una meditación guiada y usé mi imaginación para dar una caminata entre los conocidos arbustos.

Tal vez por el río, pensé, y a largo del corte de la vieja carrera acuática hacia el lado de la colina de días de minar oro.

Me puse cómodo, respiré profundo y centrado y floté...

Caminé a lo largo del río plano justo después del viejo tractor averiado que ya estaba ahí cuando mamá y papá compraron la granja. El camino corría por el final de la colina, deslizándose entre los eucaliptos y el matorral de árbol de té. Al final del plano, llegué a una valla y la pasé, saliéndome del camino y hacia los árboles. Ahí, una zanja marcaba el extremo inferior del acueducto y la seguí. La zanja terminó y el resto del acueducto estaba cortado hacia el lado de la colina siguiendo el río.

Caminé por ahí, usando la memoria como guía, escuchando el río burbujear debajo de mí y el viento en los árboles. Mientras caminaba, el escenario cambió de lo que yo conocía, como si alguien más tomara control de mi meditación con su propio guion. Sospechaba que era Jesús.

Aunque tenía la intención de seguir el camino del acueducto hacia el gran estanque y sentarme en una saliente y colgar mis pies sobre el agua, de repente una catarata apareció frente a mí. Pasaba por un gran bloque de piedra que tenía un agujero detrás.

Edward Spellman

Me acerqué y vi una cueva detrás de la cascada. No era muy grande, pero era lo suficientemente grande para que pudiera estar de pie, así que entré.

Las paredes eran oscuras, tierra saludable con raíces de los árboles aquí y allá. Caminé más profundamente en la cueva y cristales salían de la tierra: amatista, citrino, cuarzo, granate, esmeralda y muchos más, lo que se sentía cálido y acogedor.

Caminé más y más profundo, hasta que llegué a un punto en el que casi no había luz de la entrada; vi la luz adelante y continué. Pronto llegué al otro extremo y salí a una plataforma cubierta de hierba iluminada por el sol, en lo alto de la ladera de una montaña. Las colinas de la granja estaban a un mundo de distancia de allí.

La plataforma era de apenas un acre de tamaño y cerca, Pegaso pastaba. A lo lejos, vi la neblina púrpura de montañas con lo que parecían grandes pájaros volando por encima de las nubes. Muy por debajo de mí se extendían verdes bosques y pastizales con un esparcimiento de lagos y ríos.

Cuando me di cuenta que no podía bajar de la plataforma, Pegaso se acercó y habló con mi mente sin palabras y me invitó a dar un paseo. Me monté en su ancha espalda y me sostuve con fuerza cuando él saltó en el aire. Era de color blanco puro, sin manchas en su cuerpo o alas y olía más como a flores que como un pájaro o un caballo.

Volamos desde la ladera de la montaña hacia un pequeño lago. Al acercarnos al lago, vi una isla en su centro.

Pegaso aterrizó en la orilla al otro lado de la isla y me deslicé a la tierra, dándole una suave palmada de agradecimiento. Tenía la intención de nadar el resto del camino; tenía que ir a la isla y tenía que llegar por mí mismo.

Cuando entré al lago, no sentí las sensaciones normales de caminar en el agua. La temperatura era la misma que mi cuerpo y casi no había sensación de estar en el agua en absoluto. Me zambullí y nadé hacia adelante; y mientras nadaba miré a mi alrededor. La visibilidad era perfecta; era tan claro como el aire arriba. El fondo del lago estaba cubierto de pequeños guijarros y no había peces o plantas, pero mientras nadaba yo sabía que me estaba moviendo a través de las aguas de la vida. Se sentía real y simbólica al mismo tiempo.

Pronto llegué a la isla y salí del agua, mi ropa se secó al instante, dando a este lugar un aire mágico. Me dirigí hacia el centro de esta pequeña isla.

Pronto llegué a una zona pavimentada con piedra pulida, como si fuera el piso de algún edificio antiguo que había desaparecido hace tiempo. El área tenía unos treinta o cuarenta pasos de anchura y en el otro extremo había un conjunto de siete escalones. En la parte superior había dos columnas de piedra y entre las columnas, se encontraba la Alta Sacerdotisa del Tarot. Se veía igual que en la pintura de Pamela Colman Smith para la tarjeta Rider Waite.

Al acercarme a la escalera, le dije, *Está bien. Sé que eres real.*

Tan pronto como dije esas palabras, la sacerdotisa se transformó; dando un paso adelante se transformó en el aspecto femenino de la Divinidad—la Diosa.

Se acercó como la divinidad femenina en forma física. Su largo vestido blanco hasta el tobillo parecía estar vivo mientras se movía y se movía alrededor de su voluptuoso cuerpo. Primero mostrando una curva y luego otra, sus caderas meciéndose mientras caminaba hacia mí.

La Diosa me susurró que no podía oír a nivel consciente. Se inclinó y suavemente me dio un beso en la frente, retrocedió un poco y dijo, *Tengo un regalo para ti.*

Ella me presentó un traje completo de armadura de oro y dijo: *Toma esto. Te protegerá.*

Miré hacia abajo a la armadura de oro y cuando levanté la mirada, ella se había ido. Entonces vi una visión dentro de la visión de mí mismo en el espacio llevando la armadura y sentado en un viejo cajón de madera para fruta mirando hacia el planeta Tierra. Entonces volví a mi sala de estar, abriendo los ojos a una tarde de lluvia.

Consideré su significado. Entendiendo que, mediante la presentación de la Alta Sacerdotisa, la visión me decía que yo estaba experimentando un momento de influencia de fuentes superiores. El Espíritu me guiaba a estar atento a la orientación e inspiración divina mientras me movía por mi camino.

Cuando pensé en el túnel, llevaba a otro mundo donde los colores eran más brillantes, el aire era más limpio y criaturas místicas estaban vivas. Eso indicaba que iba en una dirección muy diferente de la que había venido.

Los cristales de la cueva hablaban de prosperidad a lo largo de mi camino; quizá representando la riqueza de la vida que me espera a medida que continuaba revelando los misterios del Espíritu.

No entendía el estar sumergido en las *aguas de la vida*, pero sabía que la armadura era para mí protección, sin saber de qué tenía que ser protegido.

Estaba empezando a sonar tonto decir, *Tuve una visión; tuve una visión*, pero no había otras palabras para ellas. Incluso los sueños que me dijeron cómo hacer mi bastón no eran sueños: eran visiones de instrucción. Eran intensas y profundas de maneras indescriptibles. Estaban cambiando mí vida.

Empecé a perderme a mí mismo, o tal vez a encontrarme en este mundo de visiones, sueños y profecías. Mis temores fueron cediendo mientras mi curiosidad aumentaba y empecé a perder contacto con lo que pasaba entre las visiones, mientras se arremolinaban en mi mente.

En otra visión, vi un pequeño lago con una rueda de agua unido a un taller en la otra orilla. La rueda de agua no estaba funcionando como debería porque el acueducto de madera que normalmente habría llevado agua de una presa cercana tenía un montón de fugas en ella y el agua no llegaba a la rueda para alimentarla.

Mientras observaba, la visión me mostró la rueda de agua inmóvil, luego el acueducto con fugas, y luego, la presa llena de agua. Repitió ésta serie varias veces.

Se me mostró el interior del taller, luego la rueda, el acueducto y la presa de nuevo; luego regresó al taller.

Está bien, entiendo, pensé *mientras se la visión se revelaba. El taller no funcionará sin la rueda de agua y la rueda de agua no funcionará sin agua de la presa.*

Pregunté, *¿Trabajar en mi libro reparará el acueducto?*

De repente, el agua fluyó por el acueducto, pero no lo suficiente para conseguir que la rueda funcionara.

La visión repitió su secuencia varias veces más antes de que preguntar, *¿la voluntad de profundizar en mis visiones y yo y escribir sobre ellas reparará el agua del acueducto?*

El acueducto se llenó de agua. El agua fluyó por la rueda de agua y comenzó a funcionar como debía. Comenzó a girar. Tanto la rueda de agua y el taller eran reflejos de mí, para funcionar como debía, necesitaba ahondar en mis visiones y escribir sobre ellas. Volteándolas y fluyendo con ellas.

Entonces la visión se movió entre la rueda de agua y la presa. Primero mostró la rueda, y luego encima de la presa; luego la rueda, la presa; la rueda, la presa. La visión estaba señalando que la presa estaba por encima de la rueda de agua.

¿Lo que está por encima?

El Espíritu está por encima. Divinidad está por encima.

Y con eso la visión se calmó, la rueda de agua comenzó a girar, y una sensación de realización como si acabara de voltear la última página de un buen libro fluyó a través de mí. Tomé eso como que había acertado.

A medida que la rueda de agua comenzaba a girar, oí: *El objetivo no es terminar el libro, aunque que el libro sea terminado, será un reflejo de tu reconexión con lo Divino.*

Tenemos que permitir a la oscuridad el mismo acceso a t, tú tienes que ser el que elija y cada pensamiento, palabra y acción está involucrada en esas elecciones. Ellos tratan de mantenerte lejos; nosotros te empujamos de vuelta.

¿Has experimentado la iluminación blanca? ¿Quién crees que te anima a no hacerlo?

Llegué a entender que la iluminación blanca era una manera de usar mi imaginación para limpiarme de, y protegerme de, las energías negativas y faltas de armonía. Un método era imaginar una cascada de luz blanca que fluye sobre mí, llevándose las energías indeseadas. Otra era formar un punto de luz blanca en mi centro e imaginarlo expandiéndose y empujando las energías negativas y faltas de armonía de mi cuerpo y campo energético.

Descubrí que practicar esto regularmente genera un nivel de protección.

Capítulo 20

La Cueva Esmeralda

Jayson también se había mudado a Melbourne y estaba sentado de nuevo en una silla preparándose. Suavizó su agarre en la conciencia y cerró los ojos.

El Arcángel Miguel se deslizó con energía en el sistema energético de Jayson y comenzó a hablar con nosotros. Recibí otro mensaje de Jesús a través de la boquilla del Miguel, "Deja de ocultar tus logros."

No sabía de lo que estaba hablando y me sentí frustrado y confundido otra vez, como si él estuviera gritando consejos que yo no entendía desde el banquillo.

Durante ese último canal, recibí otro mensaje de Jesús, de nuevo a través del arcángel Miguel: "Algún día, hijo mío, entenderás por qué doy un paso atrás y permito que hagas esto solo."

A veces, algún día parecía estar a una gran distancia y, a veces, quería tirar este libro tan lejos como pudiera, y al mismo tiempo, aferrarme a él lo más fuerte que pudiera.

No mucho después de la canalización de Jayson, me desperté una mañana con un fuerte deseo de ir a meditar por el océano, así que fui a encontrar un lugar agradable. Miré el mapa y encontré un lugar que se veía bien. Había un faro afuera pasando

Geelong en la entrada de la bahía de Port Phillip y me dirigí ahí.

Una vez allí, caminé hacia el océano y me encontré un hueco creado en la arena por el viento y las olas. Me senté, escuchando las olas rompiéndose contra la repisa de piedra debajo de mí. Cerré los ojos y me dejé llevar por el sonido del mar; entonces pedí protección y medité.

Un paisaje de colinas áridas, montañas y valles, todo desprovisto de vida llenó mi visión. Era verde opaco, como si estuviera hecho de esmeralda desgastada.

Al adentrarme en el paisaje, había un cañón que seguí hasta una caverna. Al entrar, vi que las paredes, piso y techo completamente lisos y redondeados como si fuera un flujo continuo de agua, aunque no había ninguno allí. Me encontraba en el túnel de un río subterráneo que corría a través de una montaña esmeralda. El suelo se inclinaba ligeramente hacia abajo y no había sombras; de alguna manera, la caverna estaba bien iluminada.

Más adentro en la caverna, encontré una piscina de agua prístina y clara que se extendía de pared a pared.

Desde donde yo estaba, había una caída de cerca de diez pies a la superficie del agua. En el lado de la piscina más alejado de mí, el agua llegaba casi hasta un ancho estante de piedra. Por otro lado, había una pista de tierra que podría llevarme alrededor de la piscina.

Noté hombres vestidos de negro escabulléndose hacia la piscina, mirando furtivamente alrededor sin verme. Llegaron a la orilla y vieron al estanque. Al fondo había riquezas más allá de sus sueños más salvajes. Tomaron el camino hacia el lado inferior y se prepararon para ir tras el tesoro.

El Regalo de Uriel

A medida que avanzaban al estanque, descubrieron que era mucho más profundo de lo que parecía debido a su claridad. Se lanzaron por su tesoro y llenaron bolsa tras bolsa, las cuales pusieron en el estante. Cuando finalmente se quedaron sin bolsas para llevar el tesoro, se prepararon para salir. Antes de que pudieran hacerlo, sin embargo, lo que habían visto como un camino, se transformó en el guardián del tesoro. Allí se encontraba un magnífico dragón verde esmeralda.

El dragón habló: *Tomen lo que quieran de este lugar. Con lo que puedan irse es suyo. No los detendré, sin embargo, no puedo ayudarlos ya que han utilizado mi espalda para llegar al tesoro y estoy obligado a ayudar una sola vez.*

Después de haber hablado, el dragón se apartó de ellos y regresó por el camino que yo había seguido para llegar allí.

Edward Spellman

Con el dragón habiéndose ido, los hombres procedieron a recoger lo que vinieron a buscar. Recogieron su tesoro y buscaron una salida. Pronto descubrieron que la única forma de salir de la caverna estaba al otro lado del estanque y la única manera de cruzar el estanque era por la espalda del dragón; pero el dragón se había ido.

Por más que lo intentaran, no podían hacer su camino fuera del estanque. La pared de mi lado era lisa, sin ningún tipo de apoyo para manos o pies, y no había manera de salir desde el otro lado tampoco. Nadaron hasta éste lado del estanque cargando su tesoro y trataron de salir. Negándose a dejar de lado sus recién adquiridas riquezas, balbucearon y salpicaron, maldijeron y patearon, hasta que el peso de su tesoro los arrastró hasta el fondo y la caverna estaba en silencio otra vez.

El Regalo de Uriel

El guardián regresó y tomó su lugar al lado del estanque, integrándose en las paredes esmeraldas de la caverna.

Me moví hasta el borde, me zambullí y nadé hacia el otro lado, donde, mientras subía en el estante inferior, el dragón volteó a saludarme. *Toma lo que quieras de este lugar. Lo que puedas llevarte es tuyo. No te detendré y estoy obligado a ayudar. Un favor puedo conceder, y sólo uno.*

Me incliné ante el guardián con respeto. *Gracias.*

Me zambullí en el estanque de nuevo, y hasta el tesoro. Entre un montón de oro y piedras preciosas, vi la empuñadura de una espada. Mientras la liberaba, expuse el borde de lo que parecía una bandeja de plata con un borde de oro macizo y lo saqué de la pila.

Nadé hasta la superficie con lo que había encontrado y salí del estanque, me senté en el borde, y tomé mi tiempo para inspeccionar los premios. Tenía una espada de tres pies con una hoja de acero de doble filo muy pulida que se estrechaba aproximadamente una pulgada y media en la empuñadura, hasta un punto. La cruceta y pomo eran de oro y decorados con un sinfín de nudos, mientras que la empuñadura era alambre de plata. Bajando la espada, tomé mi segundo premio y lo que pensé en un principio que era un plato, era en realidad un escudo de exquisita belleza y mano de obra. Estaba hecho de plata pulida y de cerca de dos pies de ancho con un borde de oro tan grueso como mi dedo índice y también decorado con un sinfín de nudos. Cubriendo las tres cuartas partes de la cara había una estrella de cinco puntas con un único punto hacia arriba y con la misma decoración que el borde. La orientación de la estrella significa que simboliza el femenino sagrado.

El Regalo de Uriel

Yo estaba un poco aturdido y no sabía muy bien qué hacer con ellos. A pesar de estar sumergidos, la espada y el escudo estaban en perfectas condiciones.

La voz del dragón retumbó en la caverna: *Pide tu favor.*

Sácame de este lugar y bájame con seguridad donde haya grama verde bajo mis pies, dije.

Poco tiempo después, yo estaba en una colina verde y observaba el vuelo del dragón. En mi mano derecha, sostenía la espada y en el brazo izquierdo estaba el escudo.

Las olas chocaban en la playa. Respiré profundo y abrí los ojos a la luz del sol jugando entre las olas.

Una foca tomaba el sol a unos veinte pies de distancia. Debe haber aparecido mientras estaba meditando.

Ahora tenía el escudo y la espada para ir con mi traje de armadura de oro. Y se veían como si fueran parte del mismo conjunto.

Cuando miré la visión y pregunté lo que significaba, escuché: *Hay tesoros en las profundidades de tu mente a los que tienes acceso, que otros no.*

Después de verlos por un rato su significado se hizo evidente. La espada simbolizaba el aspecto masculino de la divinidad, o Dios, y el escudo simbolizaba el femenino y la Diosa. Juntos, como un juego, representaban a Dios y la Diosa en equilibrio. Lo mismo ocurría con el oro y la plata, tanto en la espada y el escudo. El oro es el Dios y sagrado masculino—la plata es la Diosa y el sagrado femenino.

Que no hubiera vaina para la espada significaba que estaba siempre lista para actuar en mi defensa.

El Regalo de Uriel

Luego investigué la esmeralda y encontré que era la piedra sagrada de la Diosa; y la piedra de esperanza y profecía.

Capítulo 21

Caballos

Estaba trabajando en un hogar de ancianos donde el resto del personal en mi turno era un poco gruñón y negativo en las mañanas. Incluso se escandalizaban cuando iba a trabajar de buen humor y me atacaban por ello. Era como si tuvieran miedo de sentirse bien.

Les dije que cada día que salía el sol era un buen día, y el sol salía todos los días.

Me dijeron que había algo malo en una persona que llegaba a trabajar de buen humor todo el tiempo, por lo que tenía que ser falso.

El Regalo de Uriel

Después de unos meses, me desperté una mañana con una pregunta repitiéndose una y otra vez en el fondo de mi mente: *¿Tu corazón canta cuando te levantas con el amanecer y las maravillas de la naturaleza se revelan?*

Sí, mi corazón canta cuando me levanto con el amanecer y las maravillas de la naturaleza se revelan.

Eso sonaba bien, así que, lo anoté e inmediatamente otro llenó su espacio. También lo escribí y luego vino otra. Pronto tuve un poema de estas preguntas:

¿Tu corazón canta
cuando te levantas con el amanecer
y las maravillas de la naturaleza se revelan?

¿Tu corazón crece
y tu alma canta con alegría
cuando un niño duerme en tus brazos?

Edward Spellman

*¿Tu corazón canta
cuando te sientas en la hierba
o contemplas la cima de una montaña?*

*¿Tu corazón rebosa de amor
ante los sonidos que puedes escuchar
cuando te sientas junto a un arroyo en el bosque?*

*¿Tu corazón canta
cuando el sol cosquillea tu piel
o la luna brilla suavemente en la noche?*

*¿Tu corazón deja de latir
y tus ojos brillan resplandecientes
cuando tu amante entra por la puerta?*

*¿Tu corazón canta
cuando las olas chocan con tus pies
y el viento juega con los árboles en un bosque?*

¿Tu corazón resplandece

*cuando llegas a saber
que todos somos parte del Único?
¿Tu corazón canta?*

Se sentía bien sólo releerlo.

Siempre que había gente de mal humor o negativa por ahí, oía esas palabras en el fondo de mi mente. Era como si alguien se lo estuviera susurrando en voz baja a un niño justo antes de dormir.

Entonces oí en un susurro suave, *No tengas miedo. Siempre estoy aquí.*

Supuse que quería decir que yo era el niño... un niño espiritual. No me importa, me trajo una sonrisa a la cara y un brillo a mi vientre.

Por ese tiempo otra visión se volvió recurrente. Supongo que no le estaba prestando suficiente atención, o tal vez estaba teniendo problemas para resolverla.

Y tal vez no estaba preparado para entenderla por un tiempo.

La visión volvió así que me senté en mi computadora para escribir. Puse mis dedos en el teclado y nada.

¡Bueno! Entonces, ¿qué me estoy perdiendo? Esto es diferente de alguna forma, ¿pero cómo? Las visiones usualmente parecen querer ser escritas.

¡Ah! Entiendo.

Esto definitivamente no era un sueño ya que cada vez que sucedía, yo estaba completamente despierto. Tampoco era como las otras visiones que había tenido. Lo que era diferente era la forma en que se experimentó. Se sintió como una experiencia de cambio de forma. Había tenido otras como esas y las había dejado de lado, pero éste no parecía querer ser dejado de lado y eso en sí manifestó su relevancia, así que aquí está.

El Regalo de Uriel

Mis cascos sin herradura levantaban un poco de polvo mientras me movía junto con el rebaño. Vi mi reflejo en el ojo de un caballo cerca, mi color de dos tonos, de color marrón rojizo con grandes parches de color blanco, me dijo que yo existía tanto en el mundo físico y el espiritual al mismo tiempo. Mi reflejo en el ojo del otro caballo me dijo que ésta experiencia era un reflejo de mi vida. Me quedé a las afueras de la manada, apenas notado por los otros caballos.

Moviéndome a un lado para evitar el polvo, vi algo hacia la izquierda. *¿Qué es eso?* Me acerqué a echar un vistazo.

Nada ahí. Un momento, ahí está nuevo.

Fui a dar un vistazo, y de nuevo no había nada allí.

Ese patrón continuó por un tiempo hasta que de pronto me di cuenta que me había alejado de la manada.

Edward Spellman

Tal vez debería volver. No, ahí está nuevo. ¿Qué es eso?

Una y otra vez traté de alcanzar la sombra esquiva hasta que estaba en un punto alto en la cresta bordeando las tierras de pastoreo. Desde ahí parecía que esas crestas y colinas eran intransitables, pero yo acababa de llegar a través de ellas sin darme cuenta de lo que estaba haciendo.

Al mirar en la otra dirección, lejos de la manada, vi que había llegado a un plano superior donde muchos caballos estaban pastando, aunque allí, era diferente. Más abajo, vi la manada empujando, compitiendo por el mejor pasto y el agua más limpia; los caballos siempre estaban empujándose unos a otros.

Aquí, sin embargo, los caballos estaban distribuidos. Nadie estaba empujando a nadie más. Había bastante para todos.

En el otro lado, cuando la manada se movió, destruyó todo a su paso. Los caballos en la parte delantera consiguieron el mejor pasto y el agua más limpia dejando a la mayoría luchando por lo que quedaba.

La meseta era exuberante y verde y abundante mientras que las tierras de pastoreo abajo sólo eran así antes de que llegara la manada. Después de haber sido guiado a ese lugar, solo quería correr de nuevo a la manada y compartir con todos lo que había encontrado.

Al mirar esa tierra próspera, entendí que la sombra que había estado persiguiendo era mi guía, Jesús; y que, al seguirlo, aunque puede que no haya entendido adonde me estaba conduciendo, sería igual a aquellas prósperas tierras de pastoreo en la meseta. También entendí que mi orientación estaba, por ahora, enfocada en la escritura. Escribir el libro me llevaría a un lugar de conciencia más profunda, un lugar mucho más próspero que dónde ya estaba.

El Regalo de Uriel

Edward Spellman

Capítulo 22

Bolas de Nieve

Estaba ocupándome de mis asuntos, dando vueltas por la casa cuando un jardín apareció delante de mí. Ahí, muchos diferentes tipos de frutas y verduras crecieron, pero estaban atrofiadas, desnutridas y mal formadas, porque las malas hierbas las sofocaban.

Vi a los trabajadores entrar al jardín; quitaron todas las malas hierbas, y fertilizaron y regaron las plantas. Semanas y meses se convirtieron en segundos, mientras todas las plantas crecían, florecían y daban sus frutos ante mis ojos. A pesar de que el jardín era viejo, nunca había sido tan abundante o saludable como lo era entonces.

Entendí.

Ese era yo después de que Jesús entró en mi vida y revitalizara y limpiara mi sistema de creencia espiritual, que incorporó mis percepciones de la realidad y autoconsciencia.

Yo era el jardín y las malas hierbas eran los aspectos negativos de mí mismo, que corrompían los aspectos positivos, frutas y verduras. Al parecer, necesitaba una buena limpieza, riego y fertilización. Parecía que venía una época interesante por delante.

Tenía la sensación de que Jesús estaba jugando conmigo y que en algún momento me olvidaría de temer el juego y empezaría a disfrutarlo. Con ese pensamiento en mente, experimenté otra visión. Vi, saboreé, sentí, olí y me encontré en medio de esta experiencia.

Yo estaba sentado en la cima de una montaña cubierta de nieve con Jesús sentado a mi lado y colgábamos nuestros pies en el borde de un estante en la parte de arriba de una pendiente larga y empinada.

Metió la mano en la nieve, tomó un puñado y lo formó en una bola de nieve. Me lo mostró y dijo: *Tú eres ésta bola de nieve, hijo mío. Observa.*

Puso la bola de nieve abajo y le dio un suave empujón y ésta se fue, corriendo por la montaña. La bola de nieve esquivó rocas y árboles. Se topó con, o fue golpeada por otras bolas de nieve. Finalmente, llegó al final de su viaje por la montaña.

Me llené de un nuevo sentido de conciencia al estar sentado con él en la parte de arriba de la montaña; a salvo con Jesús siempre a mi lado. Miré a mi alrededor, sorprendido de que mi conciencia pudiera expandirse tanto. *Jesús*, le pregunté, *¿es todo, o hay más?*

A modo de respuesta, él me dio un empujoncito y eso fue todo lo que me tomó para empezar a avanzar. Me fui como una bola de nieve, bajando por la montaña, esquivando rocas y árboles, ocasionalmente chocando, o siendo chocado por otras bolas de nieve, durante mi viaje por la ladera de la montaña.

Finalmente llegué a la parte de abajo y me detuve. Me miré y me di cuenta con sorpresa que, con mi viaje por la montaña, mi conciencia se había expandido de nuevo. Me sentí completo; sentí que me había convertido en todo lo que posiblemente podría llegar a ser.

Estaba radiante con sabiduría y conocimiento. Era consciente de cosas que no mucho antes yo no habría creído. *Entonces, ¿éste es el camino a la iluminación?*

Sentí mi conciencia expandirse, volverse más y más profunda. Entonces estaba de vuelta en la cima de la montaña. Sentí a Jesús a mi lado y le saludé sin palabras.

Entonces sentí un escalofrío y un pensamiento se deslizó en mi mente, *¿Qué es eso de la izquierda?*

Me incliné para echar un vistazo.

Al inclinarme, me puse de nuevo en movimiento y me fui rodando por la montaña. En mi camino hacia abajo, esquivé árboles y rocas, golpeé o fui golpeado por otras bolas de nieve hasta que finalmente me quedé descansando en la parte de abajo.

Eso sucedió una y otra vez. Sin embargo, cada vez, sin importar lo que ocurriera en el camino por la montaña, al llegar a la parte de abajo, mi conciencia, mi sabiduría y conocimiento se habían profundizado.

El Regalo de Uriel

Después de innumerables excursiones por la montaña de la vida, me encontré de nuevo en la cima de la montaña con Jesús a mi lado. Nos sentamos allí haciendo bolas de nieve y poniéndolas suavemente en sus viajes. Disfruté viendo la progresión de las almas que ayudé a lo largo de sus trayectorias. Sonreí al verlas tratando de esquivar una lección que tenían que aprender, sólo para verlos aterrizar de golpe contra ella en la siguiente ronda. Me reí cuando llegaron al final de la pendiente pensando que lo habían logrado, que tenían todo resuelto, y, sin embargo, yo sabía que siempre había más que aprender.

Me senté en la montaña al lado de Jesús, todo mi ser brillando con amor y alegría. Jesús estaba conmigo; sentía su amor, su sabiduría, su alegría y su diversión.

Le pedí que compartiera la fuente de su diversión y lo hizo. Con un suave empujón y mucho ánimo, se rio y me dio una palmada en el hombro; estaba bajando la montaña de la vida una vez más, aunque, mientras rodaba por la montaña, me di cuenta que no estaba fuera de control. Podía esquivar obstáculos. Incluso podría optar por saltar algunos de ellos, empujar a otras bolas de nieve a lo seguro y guiarlas por los lugares peligrosos en sus vidas. Podía ayudar a otros a alcanzar el final la montaña. Aprendí a usar mis habilidades y atributos, mi conciencia, conocimiento y sabiduría para ayudar a otros a encontrar sus verdaderos caminos, mientras rodaban por la montaña. Me estaba mostrando que cada vez que un alma viajaba por el camino de la vida, reunía sabiduría y conocimiento a través de su experiencia en el mundo. Luego, en su siguiente vida, esa sabiduría y conocimiento acumulado podría expresarse a través de las interacciones y las experiencias del alma.

Para ese entonces, decidí aceptar las visiones como parte de mi vida. Además, creo que se estaban convirtiendo en mi vida.

La visión de las bolas de nieve me dejó atónito y no dejé de sonreír por días. Cada vez que pensaba en ella, me echaba a reír de mí mismo sentado en la cima de la montaña con Jesús y pensando que había aprendido todo. Eso fue graciosísimo.

Durante mucho tiempo, había pensado que este libro era todo; que era todo lo que tenía que hacer, pero no después de esa visión.

Un día, estaba pensando en este viaje sin fin y me pregunté cómo otras personas lidiaban con el tipo de cosas que me habían estado pasando. En mi jardín, simplemente sentado y disfrutando de la sensación a mi alrededor, sentí el abrazo del jardín, que mi jardín me quería. Mientras estaba sentado allí escuchando las hojas en la ligera brisa, otra visión comenzó y vi un acantilado de color gris oscuro que se extendía hasta donde el ojo podía ver a la izquierda y a la derecha. La parte de abajo del acantilado estaba fuera de vista, pero podía ver la parte arriba.

Horizontalmente por el acantilado había un camino ancho, fácil, lleno de gente caminando de izquierda a derecha. Todo estaba en tonos de gris, como una vieja foto en blanco y negro o en una película muda.

Las personas tenían caras grises, en blanco, como si tuvieran cubriéndolas. No tenían ojos, ni boca, ni orejas. Todo el mundo se movía a ciegas, como moscas, avanzando sin rumbo, como si ninguno de ellos pudiera utilizar sus sentidos.

De vez en cuando, un viajero se encontraba con un pequeño camino que me recordaba a un camino de cabras, ya que se abría paso por el acantilado hasta la cima. Algunos de los que encontraron esta ruta la ignoraron y se movieron con la multitud, mientras que otros comenzaron a subir. Mientras subían, salían de la sombra y hacia el color. Mientras subían, sus rasgos faciales se llenaban. Mientras subían, ganaron su vista.

Una vez que estos viajeros llegaron a la cima, se encontraron con un mundo de luz y color. El aire sabía más limpio. La comida era más nutritiva. La gente en ese plano superior vivía en armonía con la naturaleza. Este plano superior era un lugar más espiritual donde aquellos en un viaje hacia la auto-conciencia eventualmente residirían.

Más abajo en el camino a lo largo del acantilado, los que ignoraron o temieron buscar el plano superior continuaron a lo largo de su trayectoria aparentemente fácil, sólo para desaparecer en la sombra.

Edward Spellman

Después de pensarlo por un tiempo, la visión me mostró que había cosas a punto de suceder en el mundo que un porcentaje de la gente no reconocería y, al negarse a reconocer esas nuevas energías, rechazaban la oportunidad de crecer espiritualmente y por lo tanto avanzar a un plano superior de conciencia.

El Regalo de Uriel

Edward Spellman

Capítulo 23

Ese Día

A veces me resultaba difícil escribir sobre las cosas que veía. Pensé que sólo era miedo de lo que otros pudieran pensar, lo que yo sabía que era una tontería.

A veces, la única manera en que podía escribir era diciéndome que nadie más lo leería de todos modos, mientras que al mismo tiempo sabía que no era cierto.

Cuando le pregunté a Jesús por qué estaba escribiendo este libro, dijo: *¿Cuál es el punto de tener una historia si no lo compartes?*

Eso en realidad no me hizo sentir más cómodo. A veces se sentía como si me estuviera pidiendo que desnudara mi alma al mundo y a mí mismo. Siendo yo más bien tímido e introvertido, eso era algo muy grande. Yo esperaba que escribir mis experiencias ayudara a cambiar eso, o al menos a que fueran más fáciles de aceptar.

Cuando era pequeño, mi familia iba a la piscina municipal en los fines de semana de verano. Mamá y papá llevaban a mi hermana, cinco hermanos y a mí. La piscina a la que solíamos ir apareció como la sede de una visión.

En esta visión, que era similar a una que vi antes, vi la piscina como era cuando era un niño, pero esta vez tenía un montón de bolas de colores, cerca del tamaño de las de baloncesto, flotando en ella.

Alrededor del borde de la piscina y en ella, había un montón de gente tratando de empujar y mantener las pelotas debajo de la superficie. Algunas pelotas tenían sólo una persona que trataba de mantenerlas bajo, mientras que otros tenían varias personas.

Mientras observaba la escena, una pelota de vez en cuando se liberaba y saltaba del agua, caía de nuevo a la superficie y flotaba allí.

Me di cuenta de que la fuerza utilizada por las personas para mantener las bolas bajo el agua era la misma fuerza que hacía que se liberaran y saltaran a la superficie.

Entendí que las bolas eran verdades espirituales universales y aquellos que luchaban por sumergirlas eran representaciones de mi ego. Cada vez que una bola, o verdad, se soltaba y salía a la superficie, causaba que el control sobre todas las demás se debilitara.

Las verdades eran sostenidas por mis miedos: miedo a lo desconocido, miedo a perder el control. Los temores eran falsos respecto a mí mismo, siendo que liberar y traer la verdad a la luz generaría mi libertad.

El alcance de mi reacción a la verdad espiritual universal resurgente era directamente proporcional a la profundidad en la que esa verdad en particular había sido suprimida dentro de mí. Mi reacción podría expresarse ya sea en un progreso emocional relativamente corto o, dependiendo de mi personalidad, un mucho más largo y aparentemente más tranquilo progreso emocional.

Sólo para que sea interesante, una vez que la verdad elegía salir a la superficie, no había nada que pudiera hacer para impedirlo. Tratar de suprimirla sólo causaba angustia emocional y confusión tumultuosa, que yo tendía a crear de vez en cuando, de todos modos.

Me gustaba la idea de que la resistencia a algo generaba la energía que le permitía liberarse. Reprimir algo y, al hacerlo, forzar su salida.

Mientras escribía, no dejaba de tener experiencias que encontraba difícil de describir. El resultado fue que algunas de ellas parecían bastante sosas. Las que sonaban sosas eran las que tenían las visiones más sorprendentes o alucinantes. La siguiente visión era una de esas.

Abrí lentamente los ojos y miré alrededor. No podría distinguir si estaba despierto o dormido.

¿Es esto un sueño o una visión? ¿Qué está pasando?

Fue muy extraño. No podía ver nada más que una espesa niebla blanca. No podía oír nada; no podía sentir nada. No hacía calor y no hacía frío; la temperatura no existía en ese lugar.

Me pregunté: *¿Estoy vivo? ¿Estoy muerto?*

No hubo respuesta.

Al asomarme a la niebla, se empezó a mover y agitar. Sombras medio visibles e indicios de formas burlaban mi vista. La niebla se despejó y se desvaneció y las formas e indicios se convirtieron en personas.

Una multitud creció hasta que había quizás varios cientos de personas, de todos los ámbitos de la vida y de muchas culturas diferentes. La niebla despejó y estábamos de pie en el centro de un hermoso valle cubierto de césped.

Si alguna vez me encontraba en la cima del mundo, sospecho que se habría sentido un poco como esto. No había hierba bajo nuestros pies y un perfecto cielo azul sin nubes sobre nosotros y el horizonte se veía un poco extraño con su precisión. No había desvanecimiento de color o tonalidad, sólo las colinas cubiertas de hierba y la perfección del cielo.

Al mirar alrededor de este encantador valle, parecía como si debería conocerlo. Los pliegues de la tierra tenían la familiaridad de un amante de mucho tiempo. Se sentía como si supiera todas las complejidades del paisaje íntimamente pero no podía ubicarlo.

Intuitivamente sabía que todos se sentían de la misma forma; conocían este lugar, sin embargo, ninguno de ellos podría decir que habían estado aquí antes. Todo el valle estaba cubierto de hierba que llegaba a los tobillos y flores silvestres dispersas.

Para encontrar un mejor punto de observación, un pequeño grupo nos dirigimos a un lugar más alto. Después de caminar por lo que pareció varias horas, aunque mi reloj se había parado así que no podía estar seguro, llegamos a nuestro objetivo: un punto con vista al valle.

Nos dimos la vuelta para inspeccionar el lugar, ya que ninguno de nosotros realmente creía que esto pudiera ser el mundo físico de nuestra vida despierta, y ninguno creía que nuestras vidas se hubieran terminado. Nos quedamos boquiabiertos ante lo que teníamos por delante. Un escalofrío recorrió mi espalda cuando el conocimiento de donde nos encontrábamos descendió sobre nosotros lentamente.

Allí de pie viendo al valle, todos teníamos nuestras manos derechas alzada frente a nosotros a la altura de la cintura, los dedos juntos, con el pulgar metido al lado, y la mano ligeramente ahuecada. Primero miramos hacia abajo a nuestras manos, luego hacia arriba y al otro lado del valle, y luego a nuestras manos otra vez. Nos miramos a los ojos. Las palabras no eran necesarias. No había duda alguna en nuestras mentes respecto a dónde estábamos y qué día era.

Edward Spellman

Con un brillo en mi ojo y una sonrisa en mis labios, caminé de vuelta con mis compañeros a aquellos reunidos abajo. En silencio, esperábamos lo que sabíamos que venía.

En el centro del valle, había algunas reacciones extrañas tomando lugar. Había gente caminando por ahí tratando de llamar a alguien u otras en sus teléfonos celulares mientras murmullaban, *No es hora. No puede ser hora. No estoy listo. Necesito más tiempo.*

Los teléfonos no funcionaban y los relojes de todo el mundo se habían detenido.

Había quienes pensaban que era una ilusión o un sueño, y que iban a despertar pronto. O por lo menos esperaban que lo fuera, y que lo harían.

Miré de cerca a las personas conmigo en ese lugar que existe fuera de nuestra percepción del tiempo y el espacio; un lugar en medio del tiempo. Algunas personas echaban espuma por la boca y desgarraban su cabello. Otros balbuceaban incoherentemente, y, sin embargo, entre toda esa confusión, los más notables fueron aquellos con una sonrisa de complicidad en sus rostros. Había un aire de calma sobre ellos, de conocimiento y aceptación. Su influencia irradiaba en la multitud, esparciendo calma.

Al poco tiempo, un silencio expectante nos abarcó a todos.

El valle en sí parecía pequeño a veces, y en otros momentos desprendía una sensación de espacio inconmensurable de alguna manera. Las personas en el centro ocupaban casi tanto espacio como lo haría una pizca de sal en la palma de mi mano.

Allí todo parecía perfecto: la hierba, la forma del paisaje, el horizonte, incluso el color del cielo: un azul que llegaba al infinito. Incluso la luz era perfecta; podía ver todo con claridad en el valle, y se sentía como si el sol de primavera acariciara mi cuerpo.

Miré alrededor del valle, a las personas agrupadas en el centro, al horizonte. Luego mi mirada observó la hierba, y la gente a mi lado. Miré el cielo de horizonte a horizonte, y viceversa.

Algo estaba molestándome en el fondo de mi mente. Me quedé mirando el suelo. Permití que mis ojos vagaran y, después con sorpresa, volví a ver ese cielo sin imperfecciones y lo quedé viendo. No había nubes, ni estrellas, sin luna y sin sol. Pero eso no debería haberme sorprendido al mirar de nuevo a mi mano derecha en forma de copa y luego alrededor del valle.

Me reí de mí mismo por estar sorprendido porque no hubiera un sol para proyectar una sombra cuando la luz era pura, clara y perfecta. ¿Por qué debería haber un sol? ¿De qué serviría un sol mientras estábamos en la palma de la mano derecha de Dios en el día del juicio?

Frente a nosotros, la luz brillaba y se retorcía. El espacio parecía darse vuelta de adentro hacia afuera y un banco de juez se presentó ante nosotros. Estaba hecho de caoba pulida, la parte de encima era de cuero verde con relieve dorado y había un martillo de nogal sobre él.

Parecía extraño porque la parte superior del banco era sólida y se encontraba a la altura de los hombros, mientras que las piernas eran de vapor. El banco se veía sólido y al mismo tiempo no.

La luz brillaba una vez más y parecía dar vuelta de adentro hacia afuera mientras una figura aparecía detrás del banco y cogía el martillo. Mientras que todo lo demás en el valle era fácil de ver, tuve que entrecerrar los ojos mientras trataba de concentrarme en la figura detrás del banco.

Edward Spellman

Al principio él o ella parecía ser un anciano de barba blanca, luego, la doncella, la madre, la anciana, luego, Zeus; ¿o era Isis? Luego, Odín, luego otro y otro.

Todos miraron a la figura sentada en el banco y cada uno de nosotros vio algo diferente.

La luz brillaba y luego se estabilizó lentamente y la figura se enfocó. Todos vimos, mirando hacia nosotros, aquello que percibíamos como la Divinidad. Los dioses de nuestros antepasados miraban a la multitud, y, sin embargo, dentro de brillante luz giratoria, todos vimos un aspecto de nosotros mismos devolver nuestra mirada.

El martillo cayó y una voz susurró y resonó a través de las profundidades de mi mente y sin embargo, la comunicación que siguió no fue verbal; fue mucho más.

En su forma más simple, era que no somos juzgados por Dios o por ningún otro.

Nos dijeron que éramos juzgados por nosotros mismos a través de cada uno de nuestros propios pensamientos, palabras y obras; y a través de cada pensamiento, palabra y obra, traíamos a nosotros tanto la recompensa como el castigo apropiado. Nuestros pensamientos, palabras y obras atraían una respuesta del universo igual a su valor. En esencia, recibíamos lo que dábamos.

Por lo tanto, si nuestros pensamientos, palabras y obras eran de carácter positivo, las recompensas que cosechábamos también eran de carácter positivo; mientras que si fueran de naturaleza negativa, las recompensas para aquellos eran de naturaleza negativa.

Había tanta profundidad en el mensaje que era difícil incluso rozar la superficie. La comunicación también me hizo tomar conciencia que no sólo existe este lugar fuera del tiempo y del espacio, siempre ha existido y siempre existirá. Existe en el tiempo entre el momento que es ahora, en el cual nos juzgamos de manera continua desde el día en que nacemos hasta el día de nuestra muerte.

Una parte milagrosa de esto es que tenemos, y nadie más, el derecho y la capacidad de perdonarnos a nosotros mismos.

El Regalo de Uriel

Capítulo 24

Tierra Estéril

A pesar de mi compromiso con este viaje, era lo más aterrador que jamás se me había pedido hacer. Seguí reflexionando, orando y preguntando: *¿Por qué me está pasando esto? ¿Por qué tengo estas visiones?*

Jesús respondió: *Porque estás en el lugar correcto.*

Me hubiera gustado saber qué demonios significaba eso. A veces sus respuestas crípticas me volvían loco, así que le pregunté al respecto y me dijo, *Si sólo te lo diera no tendría ningún valor. Amas un buen rompecabezas, así que te doy lo que necesitas de una manera que te mantiene interesado.*

Amo a Jesús con todo mi corazón y alma y él sabía exactamente qué decirme para ayudarme superar mis momentos de duda y confusión. También sabía exactamente cómo animarme a seguir adelante a pesar de mis temores. Y luego en otras ocasiones quería darle un golpe en la cabeza con un enorme pescado.

Había estado perdiendo el tiempo por la casa por un par de días contemplando las visiones y escribiéndolas mientras me preguntaba, *¿Qué estoy haciendo?*

Seguí escuchando, como había estado escuchando desde hace bastante tiempo, sólo una palabra como si fuera susurrada en el fondo de una cueva y el eco rebotaba sin disminuir.

Pionero, pionero, pionero.
Pionero, pionero, pionero.

Me senté y medité en la palabra, preguntando qué camino estaría encontrando.

De repente comprendí. El camino que estaba encontrando era el mío, y este libro, que era una articulación de mi viaje a la auto-consciencia, me lo mostraría.

Al despertar en las primeras horas de la mañana, vi ante mí un paisaje de piedra negra rota por el cual había dos caminos. Uno de los caminos, despejado, ancho y recto, iba a la derecha. El otro, más como un camino de cabras, era estrecho y se retorcía alrededor del paisaje rocoso hacia la izquierda.

Me moví por el camino de la derecha hasta llegar a un gran cuenco de plata lleno de fruta. El cuenco era de unos diez pies de ancho y su borde se encontraba bajo el camino y había un espacio de alrededor de medio metro entre el recipiente y la depresión en la que se encontraba que reflejaba su forma.

Al estar de pie ante el plato de fruta madura casi perfecta, apilada delante de mí, vi sólo un pequeño lugar que podía ser arreglado. Me incliné para mover esa pieza de fruta, y me deslicé por la fruta madura encima hacia el cuenco de agua podrida y apestosa bajo la superficie. Desaparecí, tragado por completo por un plato de fruta podrida.

Entonces volví al inicio de los dos caminos.

Me moví por el camino a mano izquierda, por el que no era tan fácil de viajar como el otro había sido, y aun así no había obstáculos que no pudieran ser superados.

A medida que iba avanzando, vi una figura de pie en el camino. No era ni hombre ni mujer, y estaba formada a partir de luz plateada y dorada que centellaba y expresaba una sensación de prosperidad. La figura tendió en su mano derecha una manzana roja hermosa y madura.

Tomé la manzana y la comí.

Al pensar en la visión, yo creí que el plato de fruta me dijo que no creyera en todo lo que veía, ya que lo que se presentaba podría ser una trampa.

La manzana madura dijo que tomará sólo lo que necesitaba y que Dios cuidaría de mí. La luz plateada y dorada eran los aspectos masculinos y femeninos de la Divinidad en armoniosa unión. Me dijeron que para estar en armonía conmigo mismo, que al buscar el equilibrio, la prosperidad y la abundancia serían atraídas a mi vida.

Como siempre, un camino era beneficioso; y uno no lo era. Como siempre, yo era libre de elegir cuál tomar.

El cuenco de plata y la fruta madura me dijeron que debía ser consciente de la ilusión, porque la codicia podía presentarse como abundante y saludable.

Para mí, el otro camino parecía mucho más interesante. Había misterios allí.

Con esta visión en mente, fui por un café frente al mar. Mientras caminaba hacia el café, un hombre se acercó diciendo: "Sólo invita a Jesús en tu vida y serás salvo."

Me pregunté, ¿qué habría hecho si Jesús se presentara en su sala? ¿Qué habría hecho si Jesús viniera a él en visiones? ¿Cómo manejaría que le pidieran que escriba un libro de Jesús, Uriel y otros ángeles? ¿Pensaría que estaba loco como yo había pensado?

Y esa noche, soñé el sueño más extraño.

Un arca navegaba por las dunas de arena roja del desierto australiano. No había agua; el arca se deslizaba sobre la arena. El tiempo pasó y una puerta se abrió a un lado del arca, y de ahí salieron toda clase de aves y animales para poblar la tierra.

Los hombres y mujeres salieron del arca y plantaron árboles y arbustos. Las lluvias llegaron y pronto la tierra que una vez había sido un desierto se volvió fértil y abundante.

Ese sueño me habló de mi crecimiento espiritual y me dijo que el suelo que una vez fue estéril pronto se convertiría en fértil y abundante.

Entonces, él regresó, apareciéndose en otra visión.

Jesús se presentó en la tierra estéril. Detrás de él crecían árboles raquíticos y arbustos, todos luchando para sobrevivir y compitiendo por los nutrientes y la humedad.

Flotando en el aire sobre Jesús había un símbolo compuesto por una cruz y un trébol entrelazados armoniosamente dentro de un círculo. El círculo era de color amarillo, el trébol azul y la cruz era de color rojo.

Palabras habladas acompañaban el símbolo: *No sólo por el aspecto femenino de la Divinidad, ni sólo a través del masculino; sólo a través de la armoniosa unión de los dos prevalecerá la humanidad.*

Mi mirada regresó a Jesús y donde había sido sólo él la primera vez, ahora estaba María Magdalena a su lado sosteniendo su mano y al lado de cada uno de ellos sosteniendo sus otras manos, estaba un niño. Una niña sostenía la mano de María y un niño, la mano de Jesús.

Jesús llevaba una larga túnica sacerdotal de color rojo sangre, y un chaleco azul cielo hasta el tobillo. María llevaba al contrario complementario, con su larga túnica azul cielo y su chaleco de color rojo sangre hasta la rodilla. Eran los aspectos masculino y femenino de la Divinidad.

La niña sosteniendo la mano de María se llamaba Sarah, y el muchacho, un par de años mayor que ella, era Tomás. Ambos estaban vestidos con túnicas blancas hasta las rodillas.

De debajo de sus pies, lo que era tierra seca y agrietada se humedeció y oscureció. Los gusanos se movían en el suelo mientras se volvía fértil y semillas comenzaron a brotar.

Hierba comenzó a crecer y a besar sus pies. Árboles brotaban de la tierra y los bosques aparecieron con una abundancia de aves y animales.

Todo esto ocurrió a partir de donde estaba Jesús, María, Sarah y Tomas, y explotó hacia adelante mientras que detrás de ellos, el paisaje seguía siendo estéril, agrietado y seco.

Jesús me había mostrado de dónde había venido espiritualmente, y hacia donde iba.

Las palabras que escuché me dijeron que para estar en armonía, necesitaba reconocer el aspecto tanto femenino como masculino de la Divinidad dentro de mí mismo. Me mostró que María Magdalena era el opuesto complementario de Jesús y su igual. En conjunto, representaban los aspectos masculinos y femeninos de la Divinidad en armonía.

Para animarme a hablar de mis visiones, a lo que yo era reacio a hacer desde hace mucho tiempo, me tatué el símbolo que flotaba encima de Jesús y María en la visión en mis antebrazos para animar a las personas a preguntarme lo que significaban. También hice que agregaran las palabras de la visión a los tatuajes en runas en exterior del círculo.

Capítulo 25

¿No Morí Otra Vez?

Pasé mucho tiempo debatiendo conmigo mismo si incluir o no lo siguiente, ya que me sentí avergonzado cuando hice una lista de todas las cosas que habían sucedido. Era una lista larga.

Casi había decidido dejar de lado los momentos en los que el Espíritu intervino en mi vida y la salvó, cuando el arcángel Miguel sugirió que los incluyera, así que aquí están algunos de ellos.

Mientras estaba en Melbourne, el clima era tan miserable, frío y lluvioso, como podía serlo. Había salido de la biblioteca y estaba de pie entre la multitud en el semáforo esperando que cambiara.

Metido en mi cazadora con la capucha puesta, me quedé mirando a través de la lluvia a las luces por la carretera. A medida que cambiaban a verde para *caminar*, salí de la cuneta poniendo todo mi peso en mi pie dominante cuando me congelé en mi lugar.

A pesar de que el peso en mi pie y mi movimiento hacia adelante se habían comprometido, de alguna forma yo estaba estacionario con mi pie derecho suspendido, a medio paso, seis pulgadas sobre la superficie de la calle.

No había sensación de ser detenido, pero definitivamente estaba detenido.

En ese instante, un autobús pasó una luz roja y pasó a unas pulgadas de mi cara. El agua levantada por el bus no me tocó.

Tan pronto como el autobús pasó fui liberado y se me permitió cruzar la calle con el resto de la multitud. Con la cabeza hacia abajo, los hombros encorvados, sentí vergüenza por haber sido salvado, de nuevo. ¿Es acaso que yo era torpe, o poco observador, o qué?

Cuando llegué a casa, me senté, respiré profundo, y pregunté: *¿Por qué me sucede esto? ¿Por qué otras personas mueren y yo me salvo? ¿Qué significa eso? ¿Hay algo mal conmigo? ¿He hecho algo malo?*

Un pánico cegador se arremolinó en mi mente al pensar en todas las veces que había sido salvado por el Espíritu... *¿Por qué?*

Cada vez que me ponía a escribir la lista de veces que había salvado, sentía vergüenza.

Me preguntaba por qué salvarme de la muerte me avergonzaba.

¿Qué decía de mí, que había sido salvado tantas veces? No creí querer saber la respuesta.

Sentía que no tenía la capacidad para describir cómo se sentía ser salvado una y otra vez... iba más allá de mi entendimiento... era confuso, ya que rompía todas las reglas que me habían enseñado en cuanto a cómo funcionaba la realidad... me gustaría haber tenido las palabras y la habilidad de transmitir mis experiencias y las emociones que evocaron. Hubo momentos en que el Espíritu intervino físicamente en mi mundo y hubo momentos en que mi mundo físico se vio afectado de un modo que, de acuerdo con las reglas que me enseñaron, debería haber sido imposible.

Si todo esto iba a ser escrito, a pesar de mis reservas, supongo que la experiencia más importante, fue la vez que fui salvado de morir por un muro de ladrillo que cayó cuando estaba poniendo ladrillos para vivir, varios años antes del accidente de coche.

Edward Spellman

Había estado lloviendo toda la semana y los ladrillos estaban saturados con agua haciéndolos más pesados de lo normal. La pared llegaba casi hasta donde podía alcanzar, con sólo una hilera de ladrillos para acabar.

Otros dos albañiles trabajaban en el andamio conmigo ese día; uno en cada extremo conmigo en el medio. Me encontraba entre la pared y una pila de ladrillos de cerca de tres pies de largo y a la altura de mi cintura.

Entonces, cuando mis dos compañeros de trabajo se trasladaron a sus extremos de la pared para poner la línea de cuerda, el muro cayó.

Lo vi caer hacia mí; entonces yo lo estaba mirando a unos siete u ocho pies de distancia. Estaba de pie en la barandilla de seguridad sosteniéndome en posición vertical con la mano izquierda, aun sosteniendo mi paleta con la derecha. Los otros dos estaban un poco más allá de sus extremos de la pared y, cuando cayó el muro, de inmediato saltaron y comenzaron a quitar ladrillos de la pila de escombros para sacarme.

Pero yo no estaba allí. Me tomó varios intentos para llamar su atención, ya que habían visto la pared caer sobre mí. O, al menos, caer dónde yo había estado.

Cuando finalmente me dieron su atención, ambos se veían desconcertados al verme ileso en la barandilla de seguridad. Ni ellos, ni yo, mencionamos nada acerca de lo que había sucedido.

Mientras la pared caía, de alguna manera fui movido fuera del peligro. Debería haber muerto y sin embargo ahí estaba de pie en la barandilla de seguridad, tres pies por encima de la cubierta y a unos siete u ocho pies de distancia.

¿Cómo? ¿Por qué? Me sentía avergonzado... y un poco culpable porque

no me encontraba destrozado bajo esa pila de ladrillos... sin mencionar asustado porque lo que acaba de ocurrir era imposible, *¿verdad?*

Dos veces, me caí de andamios defectuosos sólo para repentinamente estar de pie seguro en la planta de abajo sin un rasguño. Lo que quiero decir es que empecé a caer, y luego estaba en un lugar seguro.

La primera vez fue al principio de mi aprendizaje. Acababa de construir y entablar un andamio con tablones de madera nuevos de seis metros de altura. Después de haber terminado mi tarea, caminé por los tablones para comprobar mi trabajo y en un punto a medio camino entre los soportes, me paré en un gran nudo en uno de los tablones. El tablón cedió y cayó, o comencé a caer, antes de que repentinamente estuviera en el suelo debajo del andamio.

Mi primera reacción fue mirar a mí alrededor para ver si alguien había visto lo que había sucedido, luego suspirar de alivio porque nadie lo había hecho. Me sentí como un niño siendo atrapado con las manos en la masa, como si hubiera estado haciendo algo que no debía estar haciendo.

Eso probablemente no me habría matado, aunque si hubiera pasado a través de los tablones, como se esperaría, me habría roto las piernas o la pelvis.

Un par de meses más tarde, estaba en el mismo sitio temprano en una fría mañana de invierno. Yo estaba, como era mi costumbre, subiendo por la parte exterior del andamio en lugar de utilizar las escaleras, como se suponía que hiciera—me gustaba escalar cosas.

Los postes de acero y vigas transversales tenían parches de hielo que cuidadosamente logré esquivar hasta al cuarto nivel del suelo. Alcancé la siguiente barra horizontal y me agarré de acero cubierto de hielo y cuando quise levantar mi peso, mis dos manos se deslizaron antes de que mis pies se plantaran y caí.

Pero no estaba cayendo. Me movieron de forma horizontal hacia el siguiente suelo de tablón del andamio que debería haber pasado cuando caía hacia la tierra.

Algo, o alguien, me movió y me salvó de caer a la muerte. De alguna manera me tomaron de mi caída y me colocaron de forma segura en el suelo y fue tan rápido que no hubo sensación de movimiento.

Estaba cayendo y luego no lo estaba.

Respiré hondo y me sostuve del poste del andamio más cercano, con el corazón acelerado. Después de un par de respiraciones profundas, me moví del andamio hacia el piso de concreto del edificio y luego bajé, poco a poco y con precaución, por las escaleras, sosteniéndome firmemente a la barandilla todo el camino hacia abajo.

Una vez que llegué a la parte de abajo, caminé lejos del edificio un poco, luego me volteé y miré hacia donde me había caído.

No sé cuánto tiempo me quedé ahí mirando antes de que el capataz se acercara, se pusiera a mi lado y dijera: "Te vi caer. Deberías estar muerto."

Se quedó en silencio por un rato, y luego volteó la cabeza hacia mí y preguntó: "¿Qué estás pensando?" Apuntó hacia donde me había deslizado.

Miré a los andamios y dije: "Tengo que volver a subir allí o nunca voy a subir a otro andamio por el resto de mi vida."

Quedó pensativo por dos o tres respiros, acarició su barbilla con la mano. "Entiendo," es todo lo que dijo.

Respiré profundo, caminé hacia la parte inferior del andamio, y subí con cuidado.

Edward Spellman

Volví a caer del andamio, aunque estábamos trabajando en una casa, no un edificio de cinco plantas.

El andamio era diferente al utilizado cuando cayó el muro, que estaba enmarcado y entablado donde todo se juntaba. Éste se hizo a partir de marcos de acero con refuerzos transversales y tablones de madera, similar a la otra por la que caí.

Acababa de subir al andamio después de lanzarle ladrillos a mi jefe. Mientras caminaba por los tablones hacia dónde estaría trabajando, me paré en un lugar donde los extremos de dos tablones se encontraban en el aire. Eso fue sin duda un gran error en la construcción del andamio, ya que ese punto no sostendría ningún peso en absoluto. Me paré en ese lugar y el soporte debajo de mí cedió. El andamio tenía doce pies de alto y de repente estaba de pie en el suelo. Mis pies estaban colocados ordenadamente en el único punto no ocupado por piezas de ladrillo roto. Mi jefe me gritó por estar de pie en ese lugar y le grité: "¿Quién es el idiota que puso las tablas allí?"

Tomó un poco más de estar gritándonos el uno al otro y un poco de tiempo antes de que él admitiera que él fue el idiota que puso las tablas allí.

En ese mismo sitio con el andamio de la misma altura, pero en otra pared y otro día, yo estaba arriba en el andamio, que corría a lo largo del lado de la casa, justo a la vuelta de la esquina de donde me caí. Había estado atrapando ladrillos y cargando el andamio, que estaba listo para que empezáramos a colocar ladrillos inmediatamente después del té de la mañana.

Edward Spellman

Yo era el aprendiz en esta banda, compuesta por dos albañiles, un trabajador y yo.

Todavía estaba arriba en el andamio mientras que los otros tres se sentaron de espaldas al cobertizo del sito cuando el andamio se derrumbó delante de ellos. Había estado lloviendo mucho. El suelo estaba saturado e inestable y aunque no pudimos notarlo al caminar sobre él, no podía soportar el peso del andamio.

El andamio corría a lo largo de toda esa parte de la casa y justo afuera del andamio se encontraba una entrega de ladrillos, una entrega de arena y una entrega de madera. Estaban colocados en paralelo a la casa y andamios, así que cuando el andamio cayó, lo hizo sobre los ladrillos, arena y madera. Yo todavía estaba en el andamio cuando cayó.

Al salir del polvo, pisando con cuidado entre los escombros del andamio caído, mi jefe y los otros dos estaban de pie mirándome con la boca abierta con el mismo aspecto que los dos albañiles tenían cuando el muro cayó y yo no estaba debajo de él.

Me acerqué, me senté, me serví una taza de té y encendí un cigarrillo mientras miraba el desastre por todo el suelo delante de mí.

Los otros tres se sentaron de nuevo, las bocas aún abiertas.

Mi jefe trató de tomar un sorbo de su café, pero no pudo mantener la taza quieta, derramándolo en su mano y pierna. Dejó la taza y trató de encender un cigarrillo, pero las manos le temblaban demasiado así que se lo encendí. Siguió mirándome y moviendo la cabeza. No pudo decir nada por un tiempo. Un par de minutos pasaron y luego me miró, movió la cabeza y dijo: "¡Dios! Tus manos ni siquiera tiemblan ".

Puse mi mano derecha paralela al suelo, a la altura del ojo. *¡Ha! Firme como una roca.*

Era diferente para mí de lo que había sido para ellos.

Por las reacciones de mis colegas, para ellos el andamio había caído rápido, mientras que para mí fue lento y parecido a un sueño con mucho tiempo para bajar con seguridad.

A medida que el andamio comenzaba a derrumbarse, yo estaba de pie enfrente de la entrega de los ladrillos, en la que no quería caer mientras montaba un andamio que colapsaba.

Las patas exteriores del andamio colapsaron en el suelo haciendo que el andamio cayera hacia el exterior de la casa.

Mientras el andamio comenzaba a moverse, una extraña sensación de calma pasó por mi cuerpo. Era palpable y un poco difícil de describir con palabras.

El Regalo de Uriel

Al caer en cámara lenta, caminé por el andamio hasta llegar al punto opuesto a la arena y esperé; pareció ser un rato. Esperé hasta que el andamio estaba a mitad de camino a la tierra y me lancé en picada hacia el montón de arena, rodé como un rollo hacia adelante por la pendiente de atrás de la arena, me puse de pie y caminé hacia donde los otros tres estaban de pie con la boca abierta, me senté y me serví una taza de té.

Esa fue la primera vez que se sintió como si el *tiempo* me estaba protegiendo; como si el tiempo no quisiera que me hiriera.

Sólo escribir eso se sintió extraño y sin embargo esa sólo fue la primera vez que me pasó.

La segunda vez, ya no era un aprendiz. Yo estaba casado y tenía un hijo pequeño.

Para entonces, yo estaba subcontratando y también trabajando por mi cuenta. Acababa de terminar de cargar el andamio con mortero y ladrillos y estaba a punto de empezar a poner ladrillos para el hastial de la casa cuando una soldadura en uno de los caballetes de acero en el andamiaje se rompió con un fuerte estallido y todo el andamio colapsó.

Un constructor para el que trabajaba de vez en cuando estaba trabajando en la casa vecina. Estaba lo bastante cerca de donde yo estaba trabajando, sin embargo, para mantener una conversación.

En un par de segundos desde el colapso del andamio, él estaba entre los escombros frenéticamente tirando a un lado tablones largos de seis metros como si no pesaran nada y volteando los ladrillos a un lado tratando de sacarme de debajo de los ladrillos, morteros, tablas, tablas de madera y de caballetes de acero.

Y una vez más, yo no estaba allí.

Cuando oí la ruptura de la soldadura, fue muy ruidosa. Yo estaba de pie en el extremo de la derecha del andamio y de nuevo sentí esa extraña sensación de calma pasar sobre mí. La sentí en cada célula de mi cuerpo y se sentía un poco como estar bajo la ducha excepto que podía sentirla tanto en el interior como en el exterior tal como la última vez que el *tiempo* se había detenido para mí.

Caminé despacio y con calma por el andamio, sintiendo que tenía todo el tiempo del mundo hasta que llegué a tres cuartos del camino, levanté mi mano izquierda y envolví mis dedos en la tabla de barcaza en la orilla del techo.

Una vez más, tomó un poco de esfuerzo conseguir que mi rescatador entendiera que no estaba bajo ese montón de escombros. Su cara aturdida miró hacia mí, hacia abajo en los escombros, luego a mí de nuevo, moviendo la cabeza de lado a lado.

Como estaba colgando del techo con la mano izquierda, fue a buscar una escalera, subió al techo y me subió.

Mirando a su alrededor mientras yo estaba allí, vi que el azulejo del techo estaba terminado a excepción de un pequeño lugar cerca de tres pulgadas de ancho y una baldosa de largo. Este era el único lugar en el extremo del tejado donde me pude haber sostenido y estaba en el lado opuesto de donde yo estaba cuando el andamio se derrumbó.

Tras haber recordado algunos de esos momentos en los que el Espíritu me salvó y el Arcángel Miguel habiéndome dicho que, en la guerra entre la Luz y la Oscuridad, la Luz no puede actuar sin la Oscuridad habiendo actuado primero. Por lo tanto, si seguía ese tren de pensamiento, significaba que el Espíritu sólo podía actuar para salvarme porque la oscuridad había actuado primero para causarme daño.

Cuando pensé en todas las veces que me salvé, me di cuenta de lo protectores que eran mis guardianes espirituales. Parecía que tenía mis propios guardaespaldas espirituales personales.

Capítulo 26

Una Calle Gris

Estaba inquieto. Comencé media docena de tareas y las dejé incompletas. Puse algo de música; la apagué. Encendí la televisión; la apagué. Caminé por la casa, me senté a leer y lo dejé sin terminar la primera línea. Salí afuera a la hierba, tomé el sol y miré el cielo azul de otoño.

El Arcángel Miguel me había dicho que de la confusión llegaba la claridad y pensé en eso ahí en la hierba. También pensé en las formas en las que me bloqueaba a mí mismo con excusas para no hacer lo que tenía que estar haciendo. Entonces vi esta visión.

Me encontraba en un camino ante una barrera vertical de escombros de inundación. Había rocas, barro, palos y troncos, todos formando un muro impenetrable ante mis ojos. Estaba tan cerca, podía tocar los escombros y sabía que estos eran los bloqueos que había creado en mi pasado que afectarían mi futuro.

A la izquierda, la pared continuaba hasta donde podía ver y sabía que no podía rodearla de esa manera. También sabía que no podía pasar por encima de la pared, a través de la pared o pasar por debajo de ella. Por suerte para mí, el camino en el que estaba iba hacia la derecha y a sólo unos pocos pasos delante de mí, un río había labrado un camino a través de la pared y una vez pasado, el camino seguía el río. Tomé el camino alrededor de la pared y lo seguí a lo largo del río.

Entendí que, si seguía el camino que tenía que tomar, los obstáculos serían lavados. Recibí más estímulo positivo de que debía continuar por éste camino.

No mucho tiempo después, vi una visión de mí mismo solo en una calle vacía que se extendía delante de mí. Ese era el camino en el que me encontraba.

La combinación de colores era como la de una fotografía en blanco y negro. Era una calle de asfalto de dos carriles con bordillos de hormigón y un sendero de concreto en ambos lados. La calle estaba llena de las partes de atrás de edificios de entre uno y tres pisos de altura, sin ventanas en cualquiera de las plantas bajas. Era la calle trasera de un área industrial de menor importancia y todas las puertas, ventanas y puertas estaban cerradas con llave o atrancadas. Vallas altas con alambre de púas enmarcaban los edificios que no estaban conectados, y las cercas estaban cubiertas para que nada se pudiera ver a través de ellas.

Miré por la calle vacía y me sentí deprimido.

¿Es esto lo que me espera el resto de mi vida?

Alcé mi mirada al edificio junto a mí, y luego de vuelta a la calle.

Mi camino a seguir estaba bloqueado.

Noté una valla de seguridad verde, como las que se ponen alrededor de piscinas, pasando de un edificio a otro a unas veinte yardas delante de mí. De pie en mi lado de la valla había un Arcángel Uriel de catorce pies de altura. Sus alas estaban extendidas y se estiraban fácilmente de los edificios en un lado de la calle al otro. Tenía los brazos extendidos, como para bloquear mi camino.

De pie delante de Uriel estaba un Jesús de seis pies que también tenía los brazos abiertos, bloqueando mi camino.

Tanto Uriel como Jesús indicaron con la mano derecha y voltearon la cabeza para mirar el lado de la calle a mi izquierda.

Miré y vi que había un hueco en uno de los edificios, como el agujero de una bola de demolición que había dejado un montón de escombros en el suelo. Tanto Uriel como Jesús me dirigieron hacia esta apertura y me animaron a entrar.

Lo hice.

El otro lado era un mundo diferente. Vi abundante hierba verde y árboles en la distancia. De pie sobre una ladera cubierta de hierba no muy lejos en esa realidad había una mujer que llevaba un vestido de gasa blanco; ella me estaba esperando.

Mientras miraba esta visión, tanto las visiones de mi línea de vida y *Sigue la cascada de tierra* se deslizaron y se alinearon con ella, una encima de la otra.

El agujero en la pared se alineaba tanto con mi tiempo de confusión tumultuosa mostrado en mi visión de línea de vida, y la roca en *Sigue la cascada de tierra*. Esto también causó que la nueva dirección en mi visión de línea de vida, y el camino más allá de la valla en *Sigue la cascada de tierra*, se alinearan perfectamente con la mujer de blanco colocado en el camino.

En pocas palabras, comprendí que cuando terminara mi libro no tendría más remedio que tomar ese nuevo camino, y en ese camino, conocería a la mujer que me estaba esperando.

La visión también me dijo que las tres visiones estaban interconectadas. Mi tiempo de confusión tumultuosa era también el tiempo que pasé escribiendo este libro y eso fue lo que hizo el agujero en la pared.

Otra visión la siguió.
Como había ocurrido a menudo antes, durante un corto tiempo todo lo que veía era caótico, y luego una imagen se formaba entre el fondo arremolinado y lentamente se acercaba y se hacía más clara.

Vi el antiguo cuerpo seco de una momia. La piel era quebradiza, gris, cubierta de polvo, pero intacta.

Un crujido vino desde el interior de la momia, chirridos como hojas secas volando en el viento, pero más agudo.
Mientras observaba, la boca de la momia se abrió y una corriente aparentemente interminable de langostas salieron volando.

El Regalo de Uriel

Entonces me sentí siendo arrastrado hacia atrás hasta que pude ver el planeta Tierra frente a mí, como una foto tomada de una estación espacial en órbita.

El planeta estaba en la oscuridad hasta que una chispa de luz apareció en el horizonte. La chispa era la momia y mientras las langostas se desplegaban, comenzaron a consumir la oscuridad hasta que pronto todo el planeta estaba bañado por la Luz.

Mientras miraba la visión, conecté la visión con la profecía grabada en mi bastón.

En los días que lleven número nueve,
del Nuevo Mundo se levantará, **el profeta Elías,**
para dar a luz y desplegar la Fe del Único,
para expresar la palabra de la Divinidad,
en un tiempo en que la oscuridad y la luz
luchan por el dominio en el mundo del hombre.

Edward Spellman

El antiguo cuerpo seco era el **profeta Elías.**

Las langostas, que pululan de su boca para consumir la oscuridad eran—*para dar a luz y desplegar la fe del Único, para expresar la Palabra de la Divinidad...*

El Regalo de Uriel

Capítulo 27

Sentado en el Claro de un Bosque

Me fui al bosque y encontré un buen claro. Allí, medité y me encontré sentado en una roca al lado de un camino, en la ladera de una montaña árida. Mi bastón se encontraba en la roca junto a mí.

Mientras estaba sentado, un viajero se acercó desde la niebla de la dirección en la que me dirigía y se detuvo en su viaje. Apoyado en su bastón, me miró, tomó los pocos pasos necesarios y se sentó en la roca a tres o cuatro pies de distancia de mí. Él puso su bastón entre nosotros; las runas pintadas de rojo en espiral brillaban en la luz del sol. Se ofreció a compartir su comida conmigo ya que, señaló él, yo no tenía nada.

Bebí un poco de su vino, y comí algo de su pan y queso. Comimos en silencio, disfrutando de la comida.

Una vez que terminamos, él tomó su bastón y, apoyándose en él, como para levantarse, volteó la cabeza hacia mí y preguntó: *¿Cómo va el viaje?*

Desconcertado por la pregunta, le contesté, *A veces frustrante, en ocasiones confuso. Parece que sólo hay un camino y seguirlo tiene poco sentido para mí.*

Con un pequeño movimiento de la cabeza, indicó a la montaña detrás de nosotros y dijo, *Sube a la cima de esta montaña y tu camino será mucho más claro que antes. Sube hasta la cima de esta montaña, y encontrarás lo que estás buscando.*

Me volteé a mirar hacia la montaña y pensé: *Sí, puedo subir sin muchos problemas.*

Me volteé hacia el viajero y era como si nunca hubiera estado allí en absoluto. Él se había ido.

Empecé a subir la montaña, pensando en mi visitante. Parecía conocerme y saber dónde me encontraba en mi viaje. Un hombre que llevaba un bastón, que, cada vez que lo miraba, las runas talladas en él tenían una configuración diferente.

¡Ah! Me quedé sin aliento, me di cuenta que él llevaba sandalias, y esas las recordaba.

Con el tiempo llegué a la cumbre. Con ambas manos alrededor de mi bastón, me incliné sobre él y miré lo que había delante de mí. Noté que las runas talladas en mi propio bastón se habían reconfigurado por sí mismas.

De repente el viajero estaba a mi lado, apoyado en su bastón de esa manera familiar y mirando lo que había delante de mí. *Dime lo que ves*, susurró.

El Regalo de Uriel

Tomé un momento y luego respondí: *Veo una tierra llena de peligros y trampas. Veo un camino cortado por lava corriendo y ríos inundados. Veo puentes rotos sobre enormes abismos. Veo oscuros bosques habitados con criaturas que beberían mi sangre y enviarían mi alma a la condenación. Y más allá de todo esto veo un castillo en lo alto de una montaña, mi destino, aparentemente imposible de conseguir. Eso es lo que veo.*

El viajero asintió. *Bien, ahora ven conmigo.*

Al instante, estábamos de vuelta donde habíamos compartido nuestra comida, pero la ladera de la montaña ya no era árida. Estaba cubierta por un magnífico bosque habitado por dragones y unicornios, duendes y elementales. Luego, en un abrir y cerrar de ojos, estábamos de vuelta en la cima de la montaña, y el paisaje que vi antes se había ido. El cambio estaba era casi imposible de explicar.

Me di la vuelta hacía el viajero. Un poco divertido, dijo, *Mira la diferencia que tu percepción de la realidad puede tener en el mundo que decides habitar.*

Ante mí, el paisaje era ahora verde y lleno de bosques amigables; los ríos lentos y poco profundos podían ser cruzados con facilidad. Había prados abiertos y caminos claros. El castillo, que antes parecía ser inalcanzable, tenía un camino despejado hacia el mismo.

Miré al viajero y la comprensión descendió lentamente. El bastón en el que él estaba apoyado era el bastón en el que yo estaba apoyado. Las sandalias en sus pies eran las sandalias en mis pies.

Él era yo; el futuro yo, él había bajado por el camino que yo estaba subiendo, y él había salido de la niebla. Parece que había estado haciendo mi camino difícil, simplemente porque pensaba que era difícil. Me invitaron a cambiar eso cambiando la forma en la que veía mi camino.

En la víspera de Año Nuevo, Sybil, Jayson y yo decidimos mudarnos a Queensland, así que ordené las cosas para llevar y las cosas que tirar a la basura, lo que me llevó a mis armas. Tenía dos rifles de polvo negro hasta ese día en que los rompí y los tiré a la basura.

No los había disparado desde que dispararon a un canguro que me habló en 1992. Yo sé cómo suena: imposible. Pero eso es lo que pasó.

Había estado rodando en la granja de mamá y papá, cuando le disparé a un gran canguro macho, pero no lo maté. Me preguntó claramente en mi mente: *¿Por qué me mataste?*

Eso puso fin a mis días de caza.

Realmente no quería escribir sobre él ya que, describir cómo me sentí, me llevó de vuelta a esa experiencia profundamente emocional. Pero entonces, se lo debía a la víctima.

Había matado animales antes, pero esto casi me hizo enloquecer; no se supone que los canguros hablen dentro de tu mente.

Recordé quedarme petrificado por el shock.

Tuve que pedirle a mi compañero de caza que acabara con él; simplemente no podía hacerlo. Él sentía dolor y estaba muriendo e incluso tuve problemas para encontrar mi voz y preguntar.

Me afectó terriblemente durante días ya que las implicaciones del evento se quedaron en mi conciencia.

Un canguro me habló.

¿Cómo es eso posible?

Se sintió, me sentí, terrible. Mi reacción inmediata fue: *Oh Dios, lo maté.*

Mi corazón lloró por él, mientras me lamentaba por un alma que nunca conocí.

Su pregunta habló de una conciencia que yo no habría sido capaz de imaginar antes de dispararle, pero él no era diferente a mí: un alma tratando de vivir su vida de la mejor manera que sabía cuándo acabé con ella.

Eso fue hace veinte años y todavía puedo ver el dolor en sus ojos y escuchar su voz.

Espero que mi vida, de alguna manera, con el tiempo pueda compensar haber tomado la suya.

Parecía que había sido delegado a encontrarnos un lugar donde vivir en Brisbane, así que salí y me compré una guía de calles de Brisbane y comencé a vetar lugares donde vivir. Para empezar, todos queríamos vivir cerca del mar, así que lo simplificó.

Edward Spellman

Cuando miré los mapas, la primera cosa que noté fue que había una refinería de petróleo y una planta de tratamiento de aguas residuales en el lado sur del río, lo que me animó a mirar hacia el norte del río.

Inmediatamente al norte estaba el aeropuerto de Brisbane, así que teníamos que ir lo suficientemente al norte para estar lejos del ruido.

Al norte del aeropuerto estaba Shorncliffe, Sandgate y Brighton; luego, unos tres kilómetros de puente sobre la bahía llevaban a la Península Redcliffe con los suburbios de Woody Point, Clontarf, Margate, Redcliffe, Scarborough y Kippa-Ring. Luego, un poco más al norte estaba Deception Bay.

Después de un poco de discusión, Jayson y yo volamos para ver alrededor de Redcliffe y Deception Bay. Realizamos un viaje de exploración de dos días y encontramos una casa para alquilar; y también encontramos los árboles que vi en una visión y dibujé en septiembre del año anterior, lo que lo hizo sentir como el lugar correcto.

Mientras registraba la visión de los árboles, vi otra visión de mí mismo caminando por un estrecho y sinuoso camino entre dos altos acantilados. El camino era estrecho, pero suficientemente amplio para caminar cómodamente entre los dos acantilados.

En un momento, había una enorme masa de piedra que sobresalía por el camino y daba miedo pasar por debajo de ella, pero continué a lo largo del camino, ya que era la dirección en la que tenía que ir.

Una vez pasado ese punto, el paisaje se abrió y se suavizó. Los acantilados se convirtieron en colinas y árboles y arbustos cubrían el camino en lugar de acantilados. En la siguiente curva, miré a lo largo de un hermoso valle verde con un río que corría en del centro. Este lugar no tenía ningún miedo o sensación de estar restringido como se sentía en el camino antes de que las rocas que sobresalían. Este lugar contenía una invitación y una promesa: una promesa de algo que no podía expresar.

Este lugar me daba ganas de correr y saltar y saltar y cantar. No me habría sorprendido si hubiera visto elfos y hadas, unicornios y dragones mientras paseaba a través de esos árboles.

¿Qué significa?

Tan pronto como pregunté, oí la respuesta en mi mente: *Tu camino es claro y seguro con algunos obstáculos ilusorios frente a ti. Los acantilados que creías inquietantes y peligrosos están allí para protegerte. Las rocas que sobresalen representan tus miedos. Una vez que has superado esos temores llegarás a un lugar que evoca una sensación mágica y energía*

El Regalo de Uriel

al mundo a tu alrededor. Este es un lugar donde sucede la magia.

Sudeste de Queensland

2005-2016

El Regalo de Uriel

Edward Spellman

Capítulo 28

Una Distracción

Era julio del 2005 y tres de los intrépidos exploradores que habían salido de Canberra hace todos esos años atrás estaban ahora en Redcliffe, una pequeña ciudad situada en la bahía de Moreton al norte de Brisbane. Pensamos que nos estábamos mudando a Brisbane, pero rápidamente descubrimos que estábamos equivocados.

El frío del invierno se sentía caliente para mí, ya que aún no estaba aclimatado al clima subtropical, por lo que había decidido bajar a Redcliffe Pier y disfrutar de la bahía. Mientras estaba sentado allí, mirando el amanecer sobre las olas, tuve un fuerte presentimiento de que mi mundo estaba a punto de volverse mucho más grande. No estaba muy seguro de lo que eso significaba, pero eso es lo que sentí.

Era un día lindo y tranquilo. El agua era hermosa y azul, y mientras yo miraba al horizonte, tuve una visión donde yo estaba sentado en una sala de estar y frente a mí estaba mi futuro yo.

Estaba tanto allí en ese momento, y en un lugar en el futuro, cuando este libro estaba terminado. Mi aspecto futuro estaba estudiando dos versiones de El Regalo de Uriel. En una mano, él tenía el libro terminado abierto, mientras que en la otra tenía el libro en su forma actual en 2005. Mi futuro yo me mostró lo que todavía había tenía que hacer, y señaló secciones que necesitaban ser revisadas.

Esto se sintió raro, en el sentido que yo estaba tratando de aferrarme a múltiples percepciones de la realidad y dejarlas ir al mismo tiempo. Se sentía como si estuviera luchando, empujando y tirando dentro de mi cerebro. Me dio dolor de cabeza.

Una vez que me había asentado en Redcliffe, empecé a recibir mensajes más insistentes de escribir mi libro. No podía ignorar la voz dentro de mi cabeza que decía, *Escribe tu libro. Escribe tu libro. ¿Cómo va tu libro? ¿Cómo va tu libro?*

Cuando pregunté qué se suponía que debía ir en este libro, se me dijo insistentemente que era mi elección, lo que era estresante y aterrador. Pensé que habría sido bastante malo tratar de escribir un libro con lo que Jesús me pidió escribir, pero darme la opción de lo que escribí me asustó aún más. Él quería que escribiera sobre mí y si lo hacía, ya no habría sido capaz de ocultarme. Pero, de nuevo, me pregunté, ¿cómo emprendería entonces un viaje a la auto-conciencia?

Así que empecé a revisar mis diarios y pensar en lo que podía escribir. Miré lo que Jesús me había enseñado. Leí todas mis notas y diarios en busca de la mejor manera de llenar las páginas de El Regalo de Uriel. Me sentía nervioso, pero decidí que tenía el coraje de dar este salto de fe. Mi viaje al auto-conocimiento se profundizó.

Era un sábado por la noche y yo acababa de recibir algunos consejos del Arcángel Miguel: *Defínete a ti mismo, Edward, por el hecho de que has sido, y eres siempre, tocado por lo Divino; tocado por los ángeles, que estás siendo guiado y protegido cada segundo de cada día, y todos los días por venir. Defínete por tus experiencias con Jesús, Uriel, Lobo Que Corre, el jinete y Farronell. El paradigma que controla y dirige este mundo está a punto de cambiar. Mira tu vida como desafíos, no fracasos. El orgullo es bueno; no dejes que se convierta en arrogancia. Mira todo lo que has superado y sorpréndete de lo que has superado.*

Le pregunté Miguel sobre algo en lo que estaba trabajando en mi taller. No puedo recordar exactamente la pregunta, ya que la respuesta que me dio la sacó de mi mente.

Miguel dijo: *Cualquier cosa que hagas que no sea tu libro es sólo una distracción. En este momento, tu camino es escribir tu libro. Y recuerda, Edward: el fracaso no es fracaso. Cuando un obstáculo viene a ti es una expresión de la fe del universo en ti, y es una oportunidad para que te conduzca hacia tu destino final. Si no hubiera obstáculos, tú no estarías en el camino correcto.*

El Regalo de Uriel

Edward Spellman

Capítulo 29

Así No

En el hogar de ancianos donde trabajé, había un grupo de compañeros de trabajo al que llamé 'las hienas' porque se aliaban y atacaban a las personas en su punto más débil.

Un día, le estaban dando un tiempo difícil a una de las mujeres allí, por lo que traté de refutar un poco de su negatividad. La saludé y pregunté cómo iba su día. Ella era de un país de habla hispana así que le pregunté cómo decir hola y buenos días en español. Ella preguntó si podía ser mi amiga y le dije: "Por supuesto que sí."

Después de un par de semanas de bromas en los pasillos en el trabajo, ella me pidió que viniera a una barbacoa, y decidí ir a pesar de que estaba concentrado en mi escritura y no estaba interesado en buscar cualquier tipo relación en ese entonces.

Una vez que llegué a la barbacoa su comportamiento cambió y descubrí que su percepción de un amigo era muy diferente a la mía.

Con cuidado, pregunté a mis guías lo que sucedería si permitía que ella se acercara a mí tanto como ella parecía querer y vi esta visión.

Estaba de pie sobre una plataforma de piedra natural. La roca bajo mis pies era sólida, pero yo estaba de pie cerca del borde. Inmediatamente frente a mí había un vórtice de energía oscura, como un remolino de nubes de tormenta. Saliendo del vórtice había tres ramas verticales rectas con espinas afiladas que iban hacia abajo en un ángulo de cuarenta y cinco grados. Las ramas parecían postes de teléfono y eran del color de brotes de rosa jóvenes. No se movieron, pero el vórtice se arremolinó a su alrededor y yo sabía que si daba un paso más cerca sería empujado a la tormenta y vuelto pedazos.

Estar de pie sobre la plataforma de piedra me mostró que estaba a salvo donde estaba. Al ver ese vórtice, inmediatamente me excusé, sabiendo que continuar mi asociación con ella sería como entrar en el vórtice y ser hecho trizas.

Me estaba preguntando acerca de la visión del vórtice cuando tuve otra, otra advertencia. Esta vez vi una carretera pavimentada con botellas rotas y todos los trozos dentados hacia arriba. Yo estaba descalzo al final de la carretera, justo antes del vidrio roto.

El Regalo de Uriel

Las visiones me dieron hicieron detenerme a pensar en lo que la mujer podría querer de mí. Le dije que no quería estar en contacto y le pedí que por favor dejara de llamarme, enviarme mensajes de texto y correo electrónico, ya que no estaba interesado.

Sentí que fue la decisión correcta, tanto para mí como para ella. No le dije acerca de la visión que decía que mi ser emocional sería triturado como si hubiera caminado descalzo por una carretera pavimentada con botellas rotas.

Aunque yo no entendía por qué tuve esas advertencias, estaba feliz de haberlo hecho. Parecía que se me estaba mostrando cuál camino era beneficioso para mí y cuál no. Había aprendido a confiar en mi guía para ese entonces y dejé de cuestionarlo innecesariamente.

¿Tal vez a eso era lo que Jesús y Miguel se referían con tomar un salto de fe?

Casi al mismo tiempo, la amiga de un amigo me pidió hacer un trabajo para ella. Quería que hiciera el acondicionamiento en una pequeña tienda que era su último proyecto.

Cansado de trabajar en el hogar de ancianos, pensé seriamente en hacerlo, ya que dos semanas pagadas lejos del cuidado de ancianos sonaba bien.

Tomé mi tiempo considerando si la oportunidad era viable para mí o no. Mientras estaba contemplando los pros y los contras, tuve una visión de una trampa de acero muy grande y desagradable: una trampa de lobo.

El lobo que la trampa pretendía atrapar era Lobo Que Corre y como yo era él, realmente no quería entrar en ella, así que dije, "Gracias, pero no puedo hacer el trabajo."

Ella llamó y trató de convencerme de que el trabajo sería bueno para mí, así como para ella, pero mientras hablaba, vi otra visión. Esta vez yo era un blanco de tiro con arco con un arquero a punto de disparar. Era una visión sencilla y sabía que no debía aceptar el trabajo, sin importar lo mucho que tratara de convencerme.

Con todo respeto, la rechacé ya que estas dos visiones simplemente me dijeron que, si yo llegaba a tomar el trabajo, sería una trampa y me haría un objetivo. Cómo, no lo sabía, pero eso no importaba. Yo confiaba en mi guía.

Capítulo 30

Amnesia y Confusión Espiritual

Tenía otro mensaje de Jesús: *Confía en la experiencia de otras personas.*

Sabía que podía ser del tipo de personas que pensaban no-puedes-confiar-tus-planes-a-otras-personas, por lo que tendría que recordar este consejo, y dejar que las experiencias de otras personas pasaran a través de mis defensas. Como aprendería, eso no era fácil para mí que estaba obsesionado con el control.

Se hacía más claro que faltaba algo dentro de mí.

El Regalo de Uriel

Estuve en un accidente de coche cuando tenía dieciséis años cuando un médico puso treinta puntos en mi cabeza. Después que la herida sanara, siempre que me empujaban o golpeaba la cicatriz, perdía la memoria.

Casi siempre era lo mismo, perdería dos años, y tomaría desde unas pocas horas hasta un par de días para que esos recuerdos volvieran. Aunque, todavía había algunos agujeros en mi memoria donde las cosas no regresaban y vi que había espacios en mi mente que estaban en blanco.

Después de varios años y unos cuantos golpes más en la cabeza, reconocí la amnesia cuando sucedió porque pude recordar un evento anterior, ya que la amnesia siempre tomó dos años de mí, y pude recordar antes de eso.

No sabía cómo escribir esto para que no fuera confuso porque, francamente, era muy confuso, pero hice mi mejor intento.

Hizo de mi mente un nudo y desafió mi percepción de la realidad, así como lo que se me había enseñado que debía ser mi percepción de la realidad.

Me di cuenta que tener un agujero en mi mente era algo que se podía sentir. Podía sentir el espacio donde se suponía que los recuerdos perdidos debían estar y pude sentir que se deslizaban de vuelta como si estuviera deslizando un DVD o regresando un libro en el librero.

A pesar de que perder mi memoria no me había pasado en años, todavía sentía que faltaba algo dentro de mí. No era igual que la amnesia que había tenido tantas veces antes; era diferente de alguna manera. Esta vez se sentía como si estuviera en otro nivel de mi ser. Se sentía como si tuviera algún tipo de amnesia espiritual.

Se sentía mal. Algo dentro de mí estaba tratando de encontrar su camino hacia fuera y mi ego y miedo estaban tratando de mantenerlo enterrado. Fue un poco como jugar al escondite con un concepto espiritual que sabía que estaba en la punta de mi conciencia, pero simplemente no podía ponerlo en mi conocimiento consiente. Supuse que todavía no estaba listo.

Había estado pensando en escribir este libro y, al mismo tiempo, tenía miedo de escribirlo. Me seguía preguntando por qué debería escribirlo.

Me quedé dormido con esos pensamientos en mi mente y cuando me desperté en las primeras horas de la mañana, vi una visión particularmente poderosa. Fue una de esas cosas que se sentía como si me estuviera volviendo loco, ¡si es que no lo estaba ya!

Me vi de pie detrás de la ventana con barrotes de una celda de piedra. Mis dedos estaban sangrando por estar escarbando en los barrotes y mi voz ronca de tanto gritar, ¡*Sáquenme de aquí!*

Detrás de mí, al otro lado de la celda, la puerta se encontraba abierta y llevaba a mi taller. Oí las palabras, *La clave para tu libertad está en tu taller; todo lo que tienes que hacer es dar la vuelta.*

Le pregunté a Jesús a través del Arcángel Miguel sobre esto. Él respondió: *Cuando el hijo se convierte en uno, el niño dentro unirá a los tres, todos verán la luna como uno, y uno se volverá todos como uno.*

No tenía idea de lo que eso significaba, pero sabía que a Jesús le gustaba darme rompecabezas.

El Regalo de Uriel

Con todo lo que pasaba por mi mente una y otra vez, me senté a meditar para tratar de acallar todo.

A medida que mi mente se alejaba en una corriente de nada, me vi bajo el agua en el océano. Caí bajo las olas de un oscuro mar tempestuoso, sin control y sin idea de dónde era arriba o abajo.

En poco tiempo, vi la luz y me dirigí a ella.

Entonces, de repente, estaba sentado con las piernas cruzadas sobre un mar en calma, bañándome en la luz del sol y a la deriva con la corriente. Era como un yogui flotante, lo que es interesante, porque por lo general encuentro sentarme con las piernas cruzadas incómodo. Una sensación de alivio, calma y satisfacción fluyó a través de mí. Sentí el suave calor del sol fluir por de mi cuerpo y yo estaba en paz.

¡Alivio!

Edward Spellman

Por lo menos, a pesar de que todavía estaba totalmente confundido, sabía que iba a salir de esto y con esa seguridad, mi mente se calmó.

El Regalo de Uriel

Edward Spellman

Capítulo 31

Tu Pasado Apunta a tu Camino

Hice que leyeran mi palma y el lector me dijo que iba a escribir un libro y que estaba protegido. También me dijo que había otra pareja femenina que venía a mi vida.

Pensé que sería interesante ver si iba a permitir que una mujer se acercara a mí otra vez; no lo había hecho desde mi última ruptura. Me sentí un poco nervioso con ese tema, pero me pregunté si estaba hablando de la mujer en el vestido de gasa blanca.

Tres semanas más tarde, mientras estaba fuera tomando un café con un amigo, apareció una visión que no pude interpretar. Decidí crear una versión tridimensional de madera, cuero y tintas.

Cuando terminé la recreación de esta visión en el mundo físico, la llamé *El Escudo de Profecía*, ya que predice el futuro y cuando la colgué en la pared de mi taller, los sentimientos que tuve eran inexplicables. Me tocó profundamente. Abajo hay la foto de *El Escudo de Profecía* y mi creciente entendimiento de su simbolismo.

El escudo era de 1200mm de ancho y de forma convexa con un levantamiento de 120 mm, por lo que era el segmento de una esfera.

Las huellas me dijeron, *Nunca estás solo. Estoy siempre a tu lado*, se sintió como sol de primavera en mi piel.

Edward Spellman

La línea hecha de lo que parecían fichas de dominó era una línea de tiempo y decía: *En conjunción con los símbolos reunidos detrás y alrededor del borde del escudo, que en un punto específico en el tiempo, vería mucho más detalle en las visiones que había visto, y las que iba a ver en el futuro.*

Los caminos de líneas punteadas que serpentean y se entrecruzan desde el fondo hasta la cima del escudo me hicieron pensar por un rato hasta que Miguel me pidió que destacara los cuatro caminos positivos para la humanidad.

Después de haber seguido sus instrucciones, me quedé atrás y lo miré durante un tiempo. Había veintitrés vías establecidas a través del escudo de la profecía y el Arcángel Miguel me había dicho que cuatro de ellas eran positivas y beneficiosas para la humanidad y la Madre Tierra. Esto significaba que los otros diecinueve caminos no eran beneficiosos ni para el planeta ni para nosotros.

Mientras estaba sentado y miraba el escudo, empecé a ver los veintitrés caminos como corrientes de energía. Los cuatro caminos positivos y beneficiosos que destaqué eran cinco veces más anchos que las trayectorias negativas. A medida que permití que mi mente divagara, los caminos comenzaron a fluir y cada vez que un camino negativo cruzaba con uno positivo, recogía un poco de esa energía positiva y no era tan oscuro como lo había sido antes. Cada camino negativo cruzó una y otra vez con uno positivo, de modo que los negativos, una vez que se habían cruzado las suficientes veces, cambiaban por completo su naturaleza a uno que era positivo y beneficioso.

Tenía el escudo puesto de modo que a medida que trabajaba en mi computadora, siempre estaba ahí, animándome a seguir adelante.

El Escudo de Profecía
por Edward Spellman, 2016.

Estaba sentado en mi ordenador trabajando en este libro cuando vi una visión de mí mismo sentado en una cueva en lo alto de la ladera de una montaña. Estaba sentado en un taburete de forma divertida con mis piernas dobladas debajo de mí y llevaba una túnica de monje marrón, como los franciscanos, y tenía una pluma en mano, trabajando en mi libro. Pronto, terminé el libro, me levanté y me quité el manto. Me di la vuelta y salí de la cueva.

Sentí que estaba siendo alentado a ser un poco ermitaño y pasar algún tiempo simplemente trabajando en este proyecto.

Poco después de esta visión, tuve la oportunidad de preguntarle al Arcángel Samael al respecto: *¿Hay algo que puedas decirme acerca de la visión que tuve de mí como un monje en una cueva de la montaña?*

Samael dijo, *Estar desconectado de todos los seres humanos, además de tu grupo principal te permite comprender y enlazarte con tu poder. Debes reponerte en la naturaleza. Es de vital importancia para tu salud mental, tu poder y tu futuro. Y Edward, debes saber que las visiones son raras. ¿Qué tan raras? Muy raras, la mayoría de la gente no tiene las agallas para lidiar con ellas.*

Una y otra vez escuché, *La clave para tu libertad está en tu taller.*

Finalmente entendí. Ya que debía ahondar en mí mismo, el taller en cuestión era interno, por lo que lo que quería decir era, *La clave para tu libertad está dentro de ti.*

No mucho tiempo después de eso, Miguel me dio un mensaje. Él dijo, *Edward, tengo un mensaje para ti de Jesús. Él quiere que sepas que tu pasado apunta a tu camino.*

Gracias, dije. Luego incliné la cabeza un poco y casi me salieron arrugas del entrecejo tratando de entenderlo.

Pensé, *¿Qué pasado? ¿Esta vida? ¿Una vida pasada? ¿Antes del accidente? ¿Después del accidente?*

Lo dejé por un tiempo hasta que, mientras arreglaba mi manuscrito, llegué a este punto, y oí una pregunta en mi mente, *¿Qué estabas escribiendo antes de llegar hasta aquí?*

Eso es fácil. Visiones, sueños, profecía, mi pasado... ¡oh!

Mi pasado apunta a mi camino, ¿no es así?

Ese sería el mismo camino que fue mostrado en la visión *Sigue la cascada de tierra,* lo que significa que una vez que este libro esté terminado, mi camino será uno de visiones, sueños y profecía, aunque sin la *confusión tumultuosa* ya que termina cuando el libro está terminado y el camino más allá de la valla está despejado.

Edward Spellman

Capítulo 32

El Espíritu Santo Como Paloma

La sensación de que algo faltaba en mi interior era persistente. Fui en busca de ella y sólo encontré donde no estaba. Aun así, sentí que algo venía y estaba impaciente.

Para ayudarme a expresar lo que sentía, fui a comprar dos retrateras de tamaño A4, junto con un poco de pintura verde, roja y negra. Les quité los marcos, pinté mis manos de verde y las presioné contra los vidrios dejando mis huellas sobre ellos. Luego, pinté con sobre eso con pintura negra. Cuando eso se secó, rasgué dos líneas paralelas en la pintura negra que enmarcaba mis huellas y las pinté de color rojo. Terminé los marcos pintándolos de negro para que combinara con el fondo.

Las piezas terminadas expresaban como me había estado sintiendo, con mis manos en el otro lado del cristal en la oscuridad. La creación de ese pedacito de arte fue una forma terapéutica y sorprendente de expresar algo en términos visuales que no podía verbalizar. Cada vez que miraba esas piezas, me daba cuenta que me había sentido como si estuviera encerrado en la oscuridad, sin salida y sin manera de expresarlo.

Miguel me dijo, *Edward, tienes que ser capaz de aceptar cosas que la mayoría de las personas creen que son imposibles.*

¡Hmmm! ¿Por qué diría eso? Me pregunté.

Él sabía todo lo que me había sucedido. Sabía que gran parte de ello era lo que la mayoría de la gente creía imposible.

Sin embargo, nada era tan simple como parecía con los arcángeles. Siempre había más de una capa a lo que tenían que decir.

Al hablar de aceptar las cosas que la mayoría de la gente cree que son imposibles, vi una visión del Espíritu Santo como una paloma blanca que bate sus alas. Cada vez que las alas se agitaban, la paloma se hacía más pequeña y estaba más cerca hasta que finalmente voló hacia el centro de mi pecho y se instaló allí.

El Espíritu Santo voló a mi corazón para sanarlo y traerme a una sensación de plenitud y aceptación de mi camino espiritual y físico.

El lenguaje era inadecuado—debería de haber una orquestra tocando, soles saliendo, pájaros cantando y olas chocando—estaba tan lejos de cualquier cosa que pudiera imaginar. No había palabras, pero cada vez que pensaba en esta visión, me daban escalofríos. Buenos escalofríos.

Al despertar la mañana siguiente y encontrarme en ese espacio entre el sueño y despertar, oí estas palabras pronunciadas desde el fondo de mi mente: *Te llenaré hasta rebosar, como una cascada en un estanque cada vez más grande.*

Jesús sabía cómo despertarme con una sonrisa y alegría eufórica.

Todavía estaba trabajando en el hogar de ancianos y ocasionalmente fui emparejado para trabajar con un miembro del personal en particular varias veces en los últimos meses. Durante el tiempo que trabajamos juntos, una conversación comenzaba de vez en cuando y casi de inmediato golpeaba una pared de ladrillos de la que ambos rebotábamos. Parecía que no éramos capaces de mantener una conversación sin que nuestra percepción de la realidad chocara. Siempre que decía algo que la desafiaba, ella respondía con: "Sólo invita a Jesús a tu vida."

No estaba seguro de lo que pensaba que eso haría.

A alrededor de la mitad de un turno, nuestra conversación llegó a su inevitable final y en el silencio que vino oí esa voz calmada, clara y fuerte hablar desde lo profundo de mi mente, *No puedes saciar la sed de otro hombre si él no beberá de tu copa.*

Entonces vi esta visión.

Mi compañera se encontraba en una habitación suntuosamente amueblada. En un lado de la habitación había una gran ventana panorámica, que era a la vez el elemento principal, y la única ventana de la habitación. La habitación estaba diseñada específicamente para mirar por esta ventana y ella era consciente de que la ventana daba al paisaje más bello que se pudiera imaginar. La gente venía a admirar la belleza de esta maravillosa vista.

Como uno de los visitantes, me detuve particularmente cerca de la ventana. Todos los visitantes anteriores se habían quedado a una distancia respetuosa y expresado una cantidad adecuada de asombro ante la vista.

Se sentía incómoda por lo cerca que estaba de su tan preciada ventana. Me moví hasta que mi nariz estaba casi tocándola.

Estaba nerviosa y quería decirme que me moviera hacia atrás, y estaba a punto de hacerlo cuando di vuelta y me alejé. Mientras lo hacía, dije casualmente, Linda pintura, y me fui.

Estaba absolutamente sorprendida por el insulto y me habría pedido irme si yo no estuviera haciéndolo ya. Sentí su rabia vibrar hacia mí, gritando, *¿¡Cómo te atreves a decir eso!?*

Me vi irme, pero yo todavía estaba allí viendo y experimentando sus emociones y acciones. Ella estaba echando humo porque alguien era lo suficientemente insensible para decir que su visión del mundo era una pintura. Hizo un pacto con sí misma de nunca dejarme volver a ver su magnífico paisaje.

Se sintió molesta por no poder sacar esa ridícula afirmación de su mente. Después de preocuparse al respecto, decidió poner su mente a descansar y demostrar que yo estaba equivocado.

Tomó un raspador de pintura y se acercó a la ventana, a la vez que se preguntaba cómo alguien podía ser tan estúpido como para pensar que lo que era visible a través de la ventana podía ser una pintura. La vista por la ventana era vibrante y llena de vida; viva con luz y color.

Se movió a un lado de la ventana y puso el raspador de pintura en contacto con el vidrio. Tentativamente, el corazón en la boca, raspó la superficie de la ventana.

Abrió la boca en shock. No podía ser. Raspó un poco más y se le revolvió el estómago.

Puso el raspador de pintura a un lado, respiró profundo, y puso su ojo en el pequeño agujero que había raspado en la pintura. Sus rodillas se sentían débiles y saltó alejándose de la ventana, a punto de caer, y se quedó con la boca abierta, su cara en de shock. ¿Cómo podía ser esto?

Dio un paso atrás para mirar la vista a través de su amada ventana. Palabras caían de su boca, *No puede ser. Eso es imposible.*

El hermoso mundo que ella conocía ahora era simple y sin vida.

Edward Spellman

Recogió el raspador y continuó con determinación y no se detuvo hasta que toda la ventana estuvo limpia.

Dio un paso atrás, luego otro, *¿Cómo? ¿Qué? No entiendo.*

Un escalofrío le recorrió la espalda cuando lo comprendió. Lo que había visto antes, como una vista maravillosa, había sido una pintura del paisaje visto desde el fondo de la habitación.

La realidad del paisaje antes oculto ahora visto y experimentado puso la pintura en perspectiva. Se veía tan magnífico porque ella sólo había visto una representación de la verdad. Ahora que la verdad estaba delante de ella, podía ver la ilusión por lo que era.

Vi esa visión con mi compañera y yo como los participantes. Entonces, tan pronto como comprendí eso, vi todo repetirse conmigo en el lugar del propietario, y Jesús como la persona mirando la pintura.

Entendí que Jesús iba a ampliar mi percepción de la realidad más allá de lo que podía haber imaginado, y que iba a ser el catalizador en la expansión de mi nivel de autoconciencia.

Capítulo 33

¡Ayuda!

Me desperté una mañana para ver la misma, o parte de, visión que vi hace un rato. Estaba bajo el agua en el océano, siendo empujado de un lado a otro debajo de las olas de un oscuro mar tempestuoso, sin control, y ni idea de dónde estaba arriba o abajo.

¡Bueno! Entiendo. Me estás mostrando que he estado en un estado de confusión tumultuosa, como ya se me mostró en la visión de mi línea de vida durante el accidente de coche en 1996. Pero ¿por qué me la estás mostrando

otra vez? ¿Tal vez sólo estás mostrándome que sabes cómo me sentía en ese entonces?

Pasé todo el día tratando de averiguar por qué se me mostraría parte de una visión que ya había visto, preguntándome qué me faltaba.

Fui a la cama y me quedé dormido, de nuevo sintiendo que me estaban empujado de un lado a otro en un océano tormentoso.

Me desperté con la misma visión dando vueltas en mi mente—entonces cambió y yo me encontraba descalzo tratando de mantenerme en una pendiente empinada, húmeda y cubierta de hierba. Llevaba todas mis notas y diarios para este libro bajo mi brazo derecho, dejando sólo el izquierdo para ayudarme a mantener el equilibrio y evitar deslizarme hacia atrás. No estaba yendo a ningún lado. La pendiente era demasiado resbaladiza para mis pies descalzos. No pude conseguir ninguna tracción y no había nada a lo que pudiera aferrarme y sostenerme.

Estaba teniendo problemas con la escritura del libro, simplemente porque los arcángeles y Jesús me habían animado a hacerlo. Era porque me habían pedido hacer esto que me estresé y sentí como si no estuviera yendo ninguna parte, al igual que en esa visión.

Estas visiones eran frustrantes, y no de ayuda.

¿Cuál es el punto de señalar esto en repetidas ocasiones?

A la mañana siguiente, me vi en una mesa en mi taller. Estaba trabajando con diligencia para crear algo. No podía ver en lo que estaba trabajando lo que aumentaba mis niveles de frustración.

Tres visiones en tres días y nada tenía sentido.

Durante todo el día de la tercera visión, se repitieron una y otra vez. El sueño llegó poco a poco esa noche conmigo aun tropezando de la confusión. Me desperté a la mañana siguiente, y seguían saltando arriba y abajo queriendo llamar mi atención.

En ese lugar de absoluta frustración e impotencia, oré, *¡Ayuda! ¡No sé qué hacer!*

Tan pronto como llamé, oí su voz en mi cabeza: *Siempre estoy aquí para ayudarte, hijo mío.*

Es difícil describir lo que me hizo sentir, pero lo intentaré. Me había perdido en un estado de confusión total y, de repente, la confusión se había ido, y sentí esa ausencia físicamente en mi cuerpo.

Entonces vi las tres visiones en sucesión, pero con un mayor comprensión y detalle. En primer lugar, me vi forcejeando bajo el agua en el océano. Me hizo dar vueltas una y otra vez bajo las olas de un oscuro mar tempestuoso y sin control sin saber dónde estaba arriba o abajo cuando vi la luz y me dirigí a ella. Entonces, me senté con las piernas cruzadas sobre un mar en calma, bañándome en la luz del sol y a la deriva con la corriente. Ver la luz es el punto en el que llegué a comprender lo que estaba pasando en mi vida y por lo tanto mi confusión se convirtió en calma.

A continuación, me vi subiendo una cuesta empinada cubierta de hierba, húmeda y resbaladiza, pero esta vez llevaba zapatos para correr con púas, para no resbalar y todas mis notas estaban en una mochila por lo que tenía las manos libres para escalar. A medida que subía, una mano fuerte llegó desde arriba y Jesús dijo: *Toma mi mano y te llevaré por el camino*. Tomé su mano y me llevó al camino en el que él se encontraba. Eso me dijo que siguiera su guía y la de mis visiones.

En tercer lugar, me vi en mi taller, pero esta vez vi lo que estaba haciendo.

El Regalo de Uriel

Estaba cosiendo y uniendo páginas de papel, alistándolas para encuadernarlas en un libro físico. Estaba trabajando en este libro para ser precisos, y mi taller había sido cambiado para acomodarse.

Hasta este punto, había estado haciendo trabajos en cuero en lugar de trabajar en el libro en sí... evadiéndolo, supongo. Pero en la visión, todas mis cosas para trabajar cuero que tenía alrededor estaban cuidadosamente guardadas para hacer espacio para que yo escribiera. Era hora de volver a trabajar en el libro.

A pesar de que me gustaba la idea de hacer mis propios libros, todo esto era simbólico de un proceso interno.

Al día siguiente de las tres visiones combinadas, me desperté oyendo estas palabras claramente en mi mente. Llegaron con una sensación de calma. *Nunca estuviste destinado a recorrer este camino a ciegas, hijo mío.*

Mientras esas palabras resonaban en mi mente, me vi haciendo libros a mano que coincidían con el que el Arcángel Uriel me había regalado. Me vi sosteniendo el primero en mis manos—olí el cuero; sentí el peso del libro y la textura del cuero rojo al correr mis dedos sobre él.

Tener ese libro en mis manos me sorprendió. Representaba mi viaje y por el simple hecho de estar en mis manos, me mostró que yo iba a llegar a ese lugar dentro de mí mismo, donde Jesús me estaba guiando. Me dio una sensación de triunfo más fuerte de lo que hubiera imaginado.

Me dije a mí mismo con asombro, *Lo hice.*

Así que cambié mi taller para que coincidiera con lo que vi en la visión y guardé todas mis herramientas para trabajar cuero, entonces empecé a revisar mis notas y diarios de nuevo.

Después de un par de días, estaba acostado en la cama a las nueve de la noche y no podía dormir. Mi mente era un desastre. Se sentía como un rebaño de ovejas tratando de salir por una puerta, todas compitiendo por el mejor lugar, empujando sólo para quedar atrapadas en un cuello de botella. Había demasiadas visiones, sueños y profecías tratando de llamar mi atención al mismo tiempo. En ese estado, no podía escribir nada, por lo que pedí que mis guías me ayudaran a entender cómo hacer esto.

Inmediatamente, me sentí inundado de calma y vi lo que al principio parecía ser un conjunto de cartas del tarot puestas en orden, excepto que no eran las cartas del tarot estándar: eran mis visiones.

Comprendí de inmediato que se trataba de mi historia. Todo lo que tenía que hacer era revisar mis notas y diarios y ponerlas en orden cronológico.

¡Gracias! ¡Gracias! ¡Gracias!

Me sentí tan aliviado, y un poco tonto por no pensar en eso por mí mismo.

Esa noche tuve un sueño en el que me daban instrucciones en código sobre cómo encontrar un tesoro enterrado. Sabía que estaba en un sueño, y en el sueño pasé un par de meses descifrando el mensaje codificado. El mensaje tenía un extraño conjunto de especificaciones.

Esas instrucciones me decían que, para encontrar el tesoro enterrado, primero tenía que construir un mapa tridimensional y hacer el mapa de un cubo de cuarzo rosa de cerca de doce pulgadas cuadradas.

Se me instruyó perforar agujeros y hacer una serie de cortes de sierra, cada uno de diferente profundidad, en todas las caras del bloque. Los cortes corrían de norte a sur y de este a oeste.

La siguiente instrucción era eliminar todo excepto la parte inferior de los cortes de sierra y agujeros para exponer el modelo tridimensional.

En mi sueño, todo eso tomó casi un año entero en terminar y el resultado fue interesante y sorprendente.

Después de trabajar en la pieza de cuarzo rosa, me quedé mirando lo que tenía en el banco frente a mí y me reí: una réplica de tamaño natural de mi cabeza y mi cara.

Al parecer, yo era mi propio tesoro enterrado y debía amarme a mí mismo. Eso es lo que me dijo el cuarzo rosa. El cuarzo rosa también amplifica todas las vibraciones positivas y negativas a su alrededor, por lo que esto también era sobre amplificar el amor de la mente al corazón, o del corazón a la mente. El cuarzo rosa también pudo haberme dicho que abriera mi mente a mi corazón ya que el corazón puede amplificar y despejar la mente.

Jesús pensaba que era un tesoro enterrado y me estaba enviando instrucciones sobre cómo desenterrarme. Me gustaba eso. Por supuesto, todas las instrucciones asociadas a tallar una réplica de mí mismo representaban este libro y mi viaje a la autoconciencia, así como mi conexión mente/corazón al Espíritu Santo, donde la paloma tomaba residencia dentro de mí.

Mientras todo esto sucedía, también estaba discutiendo. Seguía escuchando palabras resonando en las profundidades de mi mente. Me susurraban de la misma manera que un buen trueno me podía tirar.
Durante mucho tiempo, intenté hacer caso omiso de esas palabras, pero simplemente no se iban.

El Regalo de Uriel

Hazme un arca.
Hazme un arca.
Hazme un arca.
Y yo decía, No.
Eso sucedió una y otra, y otra vez.
Hazme un arca.
No.
Hazme un arca.
No-construiré-un-maldito-barco.
Hazme un arca.
Aaarrrggghhh.
Hazme un arca.
No.
Hazme un arca.
No va a pasar.
Hazme un arca.

Se prolongó durante meses hasta que oí: *¿Por qué no buscas la palabra arca en el diccionario?*

Así que busqué 'arca' y la entrada tenía cierta parte de la descripción en negrita: **"un recipiente para contener la esencia de la Divinidad."**

No es un barco entonces.

Cuando volví a comprobar la entrada un par de días más tarde, la parte en negrita no estaba allí, nunca lo había estado, no físicamente al menos.

Construye un arca para mí.

Finalmente anoté lo que había estado escuchando, esperando que entonces la voz me dejara en paz, pero tan pronto como lo hice, llegó más.

Construye un arca para mí de ti mismo.
Construye un arca para mí de ti mismo.
Construye un arca para mí de ti mismo.

Las palabras tronaron y susurraron en mi mente, así que las escribí, de nuevo pensando que había terminado, pero más palabras llenaron mi mente de nuevo.

Construye un arca para mí de ti mismo y yo la llenaré.
Construye un arca para mí de ti mismo y yo la llenaré.
Construye un arca para mí de ti mismo y yo la llenaré.

Una vez más pensé que eso era todo, pero tan pronto como escribí esas palabras, se añadieron dos más a la secuencia con la misma suavidad que el tacto de un ángel y tan sutil como un trueno.

Construye un arca para mí de ti mismo y yo la llenaré hasta rebosar.
Construye un arca para mí de ti mismo y yo la llenaré hasta rebosar.
Construye un arca para mí de ti mismo y yo la llenaré hasta rebosar.

Mientras escribía eso, un sentimiento de amor y sonrisas mezclado con sol de primavera y el olor de las flores fragantes me inundó.

Creo que lo tengo.

Sólo un par de horas después de resolver eso, me vi sentado solo en la oscuridad de mi taller. Una mano apareció y colocó una bola de sedal de pesca enredada en mis manos.

La silueta oscura de Jesús se puso a mi lado y dijo, *Ten, desenreda esto.*

Luché con la maraña de lo que pareció una interminable cantidad de tiempo, en ocasiones frustrándome por tratar de desenredarla en la oscuridad. Seguí tratando con diferentes niveles de paciencia y frustración y no llegué a ningún lado.

En cierto momento, una luz comenzó a brillar en la oscuridad. Un brillo dorado que note que venía del propio Jesús, que había estado a mi lado todo el tiempo.

Con su luz brillando sobre mí, empecé a desenredar el lío. Pronto me di cuenta que había suficiente luz y que había dos hilos distintos en la maraña: uno claro y sin color, el otro más oscuro; el color de la sombra.

Con la ventaja de la luz brillante de Jesús, me las arreglé para conseguir desenredar la maraña y separar los dos hilos.

¿Qué me dijo esta visión? Estar sentado solo en la oscuridad era mi vida sin la guía espiritual.

La bola de sedal de pesca enredada que Jesús me dio era lo que había estado escribiendo. También me representaba desenredando mi corazón y mi luz de los temores que había llevado a través de los años. La bola enmarañada de hilo de pescar era simbólica del ser interior que había comenzado a desenmarañar.

El ser incapaz de desenredar el lío me mostró que, en ese momento, yo no entendía lo que estaba ocurriendo.

Mi capacidad para desenredar el hilo de pescar con la ayuda de la luz de Jesús mostró mi aceptación de él en mi vida, y la diferencia que hizo esa elección, y que yo estaba aprendiendo a rendirme y confiar en su guía.

Los dos hilos distintos mostraban la confusión tumultuosa dentro de mí. Eso era causado por la batalla entre las partes de la oscuridad y de la luz de mí mismo. Esa confusión, esa batalla, terminó cuando permití que Jesús me iluminara con su luz.

Los dos hilos mostraron que había estado escribiendo las interpretaciones de la luz y de la oscuridad de las visiones que Jesús me había mostrado. Esa era mi manera de tratar de alejarme de la tarea de escribir este libro.

Me dijo que, con la ayuda de Jesús, sería capaz de desenredar y separar las dos versiones de las visiones.

Una vez que entendí eso, separé lo que había escrito e imprimí todo lo que había sido escrito por los aspectos negativos de mí mismo, y los quemé.

Mientras observaba las páginas quemarse, un par de páginas, totalmente en llamas, volaron en el aire y me acordé de la visión que tuve hace muchos años que me dijo que haría esto. En esa visión los aspectos negativos del yo eran cuerpos en una pira.

Capítulo 34

Salto de Fe

La misma visión siguió corriendo por mi mente. Era como ver una larga película basada en un tiempo y lugar en el que no había coches o aviones, una y otra vez.

En la visión, vi a un comerciante errante mientras caminaba de pueblo en pueblo tomando cualquier trabajo que pudiera encontrar. El comerciante caminaba por un camino rural hacia la ladera de una montaña. Al acercarse, vio que, construido justo contra el lado inclinado de la montaña que parecía acantilado, había un gran almacén construido de madera.

Entró al almacén y encontró una tienda de madera grande y pequeña en su interior. La madera estaba cortada, preparada y aceitada. Dos de las piezas de madera parecían tener unos sesenta o setenta pies de largo. Había barriles de puntas de acero y otros llenos de cuñas.

Había varios tamaños de martillos y barras de palanca. Extensiones de cuerda fuerte colgaba de ganchos y había poleas en los estantes.

En la parte trasera del almacén, donde se unía a la ladera de la montaña, había una apertura de un túnel que se parecía un poco a, pero no era, la entrada de una mina.

Curioso, aunque sabía el propósito de este lugar, entró al túnel cuyo suelo estaba al nivel del de la bodega, y estaba bien iluminado por alguna fuente.

Edward Spellman

El túnel corría directamente a través de la montaña hasta que surgía, después de varios cientos de yardas, en un acantilado vertical a mil pies por encima de un río que corría rápido.

Tallado en la pared del túnel había instrucciones que mostraban para qué eran las herramientas y los materiales del almacén. Eran para construir una plataforma que se extendía desde el final del túnel, treinta pies en el aire abierto.

El comerciante se situó en el borde, mirando hacia las distantes cimas de las montañas cubiertas de nieve; se dio la vuelta, regresó por el túnel y se puso a trabajar.

Pasaron muchas semanas mientras trabajaba para arrastrar las maderas pesadas a través del túnel y construir su plataforma tal como se describía por los grabados en la pared. En un momento dejé de ver la visión desde el exterior y me convertí en el comerciante. Finalmente, después de todo mi trabajo duro, la plataforma estaba terminada y me encontraba solo en su borde con el viento casi haciéndome retroceder.

A lo lejos, vi una docena o más de dragones de varios colores retozando en las corrientes térmicas sobre las montañas distantes. Mientras observaba, uno de los dragones, un verde del color de la esmeralda, se separó de sus compañeros y voló hacia mí. Vi un cuello largo y sinuoso, cuatro piernas encogidas para el vuelo, y una enorme extensión de alas. El dragón era magnífico y estaba volando directamente hacia mí.

A medida que se acercaba, me preparé. El dragón voló justo debajo de la plataforma y detuvo su vuelo, justo cuando una voz habló en mi mente: Salta.

Era la voz del dragón y salté en el aire despejado de la mañana aterrizando con firmeza en su espalda en la base de su cuello.

Juntos nos elevamos por encima del paisaje, con una perspectiva del mundo debajo de nosotros que nunca podría haber imaginado incluso hace poco tiempo.

No me gustaba ser siempre el foco de mis visiones; me hacía sentir consciente de mí mismo y hubiera estado mucho más cómodo si hubiera podido dirigir sus significados a otra parte. Sin embargo, el significado de esta visión en particular era claro.

El comerciante errante era yo y esta visión me mostró que después de todo el trabajo que había hecho solo y que haría solo en este camino, con el tiempo se reduciría a un salto de fe. Después de eso, sería capaz de ver desde una perspectiva mucho más alta.

El Regalo de Uriel

El viento que casi me empujaba al suelo mostró la presión que sentiría escribiendo este libro.

Ese salto de fe, sin embargo, sería tan aterrador como saltar desde una plataforma hacia la espalda del dragón volador.

Capítulo 35

¿Y Si Esto es Sólo el Campo de Entrenamiento?

Contemplaba las visiones y nuevos niveles de comprensión que recibí al desentrañar sus secretos lo mejor que pude. Otra pregunta apareció en mi mente. *¿Qué hay en tu naturaleza para hacer?*

Cada vez que la pregunta surgía en mi mente, la respuesta era siempre la misma: *Está en mi naturaleza eliminar los obstáculos del camino.*

Y lo haría. Si yo estaba caminando a lo largo de un camino y había algo en él, lo eliminaría.

También estaba en mi naturaleza descifrar los conceptos y descubrir mundos ocultos dentro de mundos e interpretar sus significados.

Realmente no sabía cómo eso podía ser relevante, pero parecía querer estar aquí. Quizá escribir este libro era mi manera de eliminar los obstáculos del camino que se encontraba frente a mí. Eso coincidiría con la visión Sigue la cascada de tierra.

Las palabras de Jesús flotaban en mi mente: *¿Qué pasa si todo esto es sólo el campo campamento?*

Si esto era sólo el campo de entrenamiento entonces el futuro iba a ser muy interesante.

La mujer de la que tuve advertencias hace un tiempo atrás de repente estaba de vuelta. Me llamó al trabajo, supuestamente en busca de otra persona. No lo pensé hasta más tarde, pero ella no debía haber sabido que yo estaba en el trabajo, ni debía haber sabido con quién estaba trabajando, pero lo hizo.

Durante la conversación, me pidió tomar un café y sintiendo lástima por ella y pensando que tal vez el peligro había pasado, acepté.

Ella continuó enviándome textos durante las próximas horas y el café se extendió a café y una película luego a café, una película, y la cena con besos y abrazos en los mensajes de texto.

A la mañana siguiente, me sentí incómodo con todo esto y pensé que iría por un café y le haría saber que ya no podía verla. Entonces, tan pronto como había decidido éste plan de acción, me vi caminando en el centro comercial donde había aceptado ir a tomar un café y cuando me di vuelta en el lugar donde se suponía que nos viéramos, me enfrenté a una enorme habitación de concreto vacía y sin ventanas.

El espacio vacío tenía la sensación de un almacén que quería ser llenado.

Simbólicamente, el cuarto vacío representaba a la mujer con la que tenía que encontrarme. La ausencia de luz me dijo que Jesús no estaba presente en esta situación o que yo podía caer en una gran oscuridad, encontrándome sin poder salir. Sabía que el concreto absorbería el calor de mi cuerpo y esta era una advertencia para mí, ya que el calor representa la fuerza vital para mí. En esencia, era una advertencia de que, si yo iba en contra de mi guía y me involucraba con esta mujer, que había perdido su camino espiritualmente hablando, ella absorbería mi fuerza vital. No estaba preparado para estar en una posición tan emocionalmente vulnerable, así que le envié un mensaje cancelando el café, película, cena y lo que sea que ella tuviera planeado.

Una vez hecho esto, fui y cancelé mi número de teléfono para que ella ya no pudiera ponerse en contacto conmigo.

Si iba a estar teniendo advertencias en forma de visiones, iba a escucharlas.

Poco después, estaba en la ducha preguntándome por qué alguien me seguía después de decirles que no pienso en ellos de esa manera. No entendía en absoluto.

Mientras estaba pensando en eso, la visión *Sigue la cascada de tierra* comenzó a pasar por mi mente de nuevo, pero no como antes. Más bien, comenzó donde terminó con los tres aspectos de mí moviéndose con confianza por el camino recién expuesto, que estaba abierto, despejado, era fácil de caminar, y conducía a un bosque exuberante y acogedor que parecía estar a solo unos pasos de distancia.

Nos movimos por el camino donde el tiempo y la distancia parecían jugar trucos con mi mente. Al tomar esos pocos pasos hacia el bosque, nuestras formas se unieron para que, al llegar a los árboles, fuéramos una persona que alberga los tres aspectos en armonía.

Mientras observaba esto, las palabras de Jesús susurraron en el fondo de mi mente, *Cuando el hijo se convierte en uno, el niño interior unirá a los tres, todos verán la luna como uno, y uno se volverá todos como uno.*

A menudo me sentía como si estuviera teniendo estas experiencias para que pudiera escribir sobre tenerlas. También sentía como si estuviera llenando la sección de "experiencias relevantes" de mi hoja de vida. También estaba aprendiendo a verme a mí mismo a través de cada visión y descubrir significados más profundos, lo que era muy confuso a veces.

Desde que Jesús vino a mí en visiones y me dijo, *Sé algo de ti que te va a gustar mucho, pero tienes que averiguarlo tú mismo*, me sentí como un avión dando vueltas en una pista de aterrizaje en un compás de espera a la espera de que la niebla se levantara. Y ahora, pensaba que podía ver la niebla disminuyendo.

Finalmente sabía lo que la línea recta después de la confusión tumultuosa de mi visión de línea de vida era. Era yo haciendo exactamente lo que hice al escribir este libro, excepto que en lugar de tener miedo del proceso y estancarme durante más de diez años después de la primera serie de visiones y experiencias, las aceptaba cuando ocurrían y les permitía guiarme.

También sentí durante este proceso que estaba en entrenamiento de la misma manera que estuve en entrenamiento como un albañil aprendiz. En otras palabras, aprendiendo mediante la experiencia. Todo lo que vi y experimenté me llevan a mi verdadero yo y una relación más profunda con Jesús.

Edward Spellman

Capítulo 36

Agua Fangosa

A veces vi visiones con los ojos abiertos, a veces con los ojos cerrados. Ninguna fue más prominente o distintiva y vi las cosas de muchas maneras diferentes.

En este día, con los ojos abiertos, pero sin verlo con mis ojos, me vi hasta las rodillas en medio de una extensión de agua fangosa que se extendía hasta donde podía ver en todas direcciones. La superficie del agua estaba en calma, pero no podía ver nada de lo que había debajo de ella.

El Regalo de Uriel

Estaba viendo la visión desde el exterior de mí mismo, como observador rodeándome y viéndolo desde todos lados, al mismo tiempo que era el participante y lo veía como si fuera a través de mis ojos físicos. Mientras observaba, las únicas sensaciones o emociones que tenía, eran de tranquila observación. La visión estaba sugiriéndome observar cuidadosamente lo que estaba ocurriendo.

Entonces, mientras estaba allí hasta las rodillas en el centro, el agua fangosa comenzó a aclararse. Se aclaró desde donde me tocaba y se extendió en forma de ondas de una piedra que cae en el agua quieta, dejando todo lo que una vez estuvo oculto bajo la superficie, visible.

Miré la visión preguntándome, *¿Una visión de mí de pie en medio de un charco de agua lodosa que lentamente se limpia? ¿Qué significa eso?*

Miré la visión desde mi perspectiva de participante, y luego desde el observador mirándolo desde todos los ángulos.

Entonces entendí.

Al principio había pensado que el agua turbia se había despejado mientras más me quedaba en ella, pero luego me di cuenta que se había limpiado debido a mí. Esto me dijo que nadie más podía resolver el significado de mis visiones para mí. Que tenía que hacerlo yo mismo.

La visión también me dijo que, para resolver cualquier visión, tenía que estar en el centro de la misma, ser observador, pasar un poco de tiempo allí; y la claridad vendría, llevándome a una comprensión de las visiones.

Poco después de que eso ocurrió tuve la oportunidad, de nuevo a través de mi amigo Jayson, de hablar con el Arcángel Samael y hacer una pregunta que me había estado molestando por un tiempo: "Hace algún tiempo, le pregunté a Miguel por qué podía volver atrás en el tiempo para ver al caballero negro y Lobo Que Corre, y no recuerdo cuál fue la respuesta, pero dijo que Jesús me pidió volver atrás y ver la crucifixión ".

"Sí", Samael esperó pacientemente para que yo continuara.

"Cada vez que lo he intentado, siempre lo veo con los ojos de un niño de seis años de edad. ¿Me puedes decir algo sobre eso?"

Samael cambió ligeramente el cuerpo del trance ligeramente y dijo, "Hay niveles para la respuesta, Edward. ¿Hay alguna forma en particular en la que desees que respondamos esto? ¿Quieres que se cubran todos los niveles o prefieres el nivel que es más relevante para ti ahora?"

"Elegiré todos los niveles."

El recipiente de Samael dio una leve sonrisa, a pesar de que los ojos permanecieron cerrados antes de decir: "Eso podría tomar algo de tiempo. Vamos a elegir los tres más pertinentes a tu nivel de comprensión actual. Hay una explicación obvia para lo que experimentas cuando intentas volver y compartir ese momento con la esencia Divina conocida como Cristo. Esa respuesta obvia es que un aspecto, una chispa, de quién y lo que eres ahora, estaba allí en ese momento en particular en la forma física de un niño.

"La segunda respuesta de mayor relevancia para ti en este momento en particular se relaciona con tu propio estado emocional. Los seres humanos son criaturas de múltiples facetas que existen en numerosos marcos de tiempo. Dependiendo de lo que le ha ocurrido a un ser humano en su vida, va a existir en un número de puntos en el tiempo.

"A pesar que tu año en este punto es 2011, tú no existes única y exclusivamente aquí y ahora en la edad que tienes. Existes a través de múltiples flujos de tiempo, múltiples dimensiones de la realidad, y la mente es tal que puede moverse con rapidez y gran capacidad a través de estas diversas dimensiones. Estos puntos, a lo largo de lo que no es exactamente un río, sino un océano. Por lo tanto, en cierto nivel, dentro de ti, el niño de seis años que experimentó ciertos puntos importantes en tu vida responde a lo que eras y quién eras en el momento de la crucifixión de Cristo. ¿Entiendes hasta ahora?"

Le dije: "Sí", pero no estaba del todo seguro de que realmente lo hiciera.

Samael continuó: "El punto final más relevante que vamos a tratar esta noche es en torno al concepto de la inocencia. Tu mente subconsciente te dice que tu concepto de ti mismo, tu experiencia de

Edward Spellman en esta vida, está dañada. Está manipulada y afectada por los puntos de vista y las opiniones y la información de los demás, sobre cómo percibes esa información. Tu ser más alto, a través de la colaboración con tu orientación y mi hermano Uriel, te recuerda ver el mundo con un cierto nivel de inocencia. Aquello que es tomado de un ser humano, de su infancia, es algo que nunca debe ser olvidado en la edad adulta.

"Reflexiona, Edward, y libera algunos de los conceptos y percepciones erróneas que posees ahora. Tu mente adulta está contaminada. Deja de lado algo de eso. Acércate a las preguntas de las que buscas respuestas con la mente y el corazón, y la sabiduría, de un niño. ¿Lo entiendes?"

"Sí, creo que sí."

Samael preguntó, "¿Ves cómo la información a la que has estado expuesto a través de tu vida ha afectado tu percepción?"

"Sí."

Samael profundizó suavemente, "¿Qué tan profundo crees que sea?"

"Muy profundo."

"¿Te sientes capaz de limpiar los detritos de la edad adulta?"

"Sí."

"Excelente. Buena suerte. Uriel te recuerda que debes dejar ir tu dolor. Todavía te forma hasta cierto grado y forma parte de los conceptos y percepciones erróneas de quién y qué eres ahora. Eres un trabajo en progreso, pero uno que estamos felices de decir que ha progresado bastante, sobre todo desde la reciente visita de Miguel. "

"Gracias."

Samael juntó los dedos de su anfitrión bajo la barbilla y preguntó: "¿Hay otras preguntas?"

"Tengo otra pregunta," dije.

"¿Sí, Edward?"

"¿Hay algo que me puedas decir acerca de la cita? 'Cuando el hijo se convierte en uno, el niño interior unirá a los tres, todos verán la luna como uno, y uno se volverá todos como uno.'"

"Ya sabes la respuesta, hijo mío. ¿Desearías que brindáramos más detalles?"

"Me encantaría que lo hicieran."

"Como parte de la profecía que se dio hace tiempo que habla de la unión de las religiones, sin embargo, esta profecía ha sido malentendida. Aunque lo ideal es que dicha concienciación sea mundial, la conciencia no necesariamente va a ser global. Existen muchas religiones. Existen muchos caminos a Dios por una razón. La profecía anima a los que tratan de trabajar activamente con el Espíritu para aceptar el concepto de la Unidad. Que todas las creencias, todos los dioses, todas las diosas, dependiendo de la terminología que prefieras, son de hecho Uno. Sólo hay una fuente divina. Un Arquitecto Divino: Un creador: sin género, sin prejuicios, sin forma, pero sin duda con sustancia y significado. Esa parte de la profecía alienta meditación profunda y la contemplación de esa realidad. ¿Entiendes, o necesitas más información?"

"No, creo que lo entiendo."

"¿Te reflejas en esta realidad?", preguntó Samael.

"Sí, lo hago."

"¿Qué revelan tus reflexiones?"

"Creo que la gente está empezando a relajarse y aceptar la posibilidad de que haya más de lo que las religiones organizadas les dicen."

Samael pausó antes de proporcionarme más orientación, y luego dijo, "Es necesario eliminar tus vistas de la macro y aplicarlas a la micro. No importa lo que otros piensen y no es tu trabajo ni tu responsabilidad, ni es tu destino divino convencer a la gente de lo contrario. Tu viaje, hijo mío, es encontrar la verdad por ti mismo. Las personas que aceptan esta verdad brillan esta verdad, y luego si desempeñan algún papel en el cambio de las percepciones de los demás, lo hacen a través del ejemplo. No lo hacen mediante cualquier otro medio.

"El mayor beneficio que puedes tener, el último regalo que podrías recibir de estas vistas es ser dueño de esa realidad, para explorar e interpretarla, para encontrar la verdad debajo de la metáfora y aceptarla. Sólo puedes realmente lograr esto a través de la meditación, a través de reflexión silenciosa y a través de una mente inquisitiva que habla y conversa con otros de un espíritu similar y que está rodeado por estas personas. ¿Lo entiendes?"

"Sí."

"Nosotros te recomendamos que no te enfoques afuera. Durante muchos años, emisarios del Espíritu te han estado alentando a enfocarte adentro. "

"Estoy empezando a hacer eso."

"Sí, ha sido un proceso para ti", reconoció Samael.

Edward Spellman

Capítulo 37

Impaciencia

Me sentía un poco impaciente.

Era uno de esos días en los que me gustaría estar en esa parte de la visión *Sigue la cascada de tierra* donde mi ánima abre este libro a la página con un dibujo mostrando mi camino hacia el futuro. Sería hasta después de terminar este libro y tener una copia impresa en mano, mientras que al mismo tiempo comprendí que no iba a ver ni entender lo que venía después hasta que éste proyecto estuviera terminado. Pensé que el sentimiento de impaciencia venía de un conocimiento interno de que el libro estaba cerca de estar terminado, o yo esperaba que así fuera.

Estaba hablándole de mi libro a una de los médicos que visitaba el hogar de ancianos donde trabajé y me preguntó una noche, "¿No es confuso con todas esas visiones en la cabeza?"
La miré un poco aturdido y una sensación de terror se apoderó de mí al contemplar una vida sin visiones. Para mí, sería como andar sin cabeza. "No", respondí. "Creo que la vida para mí sería muy confusa sin ellas."

Mientras ponía a la gente en la cama en la sala de demencia y pensaba en la visión *Sigue la cascada de tierra*, oí estas palabras ser pronunciadas claramente en mi mente, *Todos los obstáculos serán barridos. Lo que estaba oculto será revelado.*

Imaginé los obstáculos que había puesto delante de mí siendo barridos mientras me movía por el proceso de llegar a ser consciente de mí mismo y reflexionar sobre mi viaje. La parte de mí que estaba oculta sería revelada a través de este proceso.

Estas palabras me recordaron a la vez, un par de años antes, cuando trabajaba en el asilo de ancianos con una aprendiz de monja japonesa de cuarenta y dos años de edad. Su inglés no era muy bueno, así que llevaba un pequeño equipo de traducción con ella para ayudar con la barrera del idioma.

Una mañana, durante las vacaciones, estaba traduciendo o transliterando, los apellidos de los otros miembros del personal al japonés y dándoles sus significados.

Cuando hizo mi nombre, Spell-man, ella abrió la boca y dijo: "Eres hombre mágico. Haces magia para otros escribiendo sobre ti mismo ".

En ese momento, no le había contado a nadie en el trabajo que estaba trabajando en un libro. Me quedé de piedra y satisfecho por su interpretación.

Con los años, he grabado numerosos mensajes, pero sólo he puesto unos cuantos en este libro junto con mis visiones, sólo los que destacaron mientras revisaba mis notas.

Uno de los que sí usé vino otra vez, a través de Miguel, cuando le pregunté si había interpretado los símbolos en una visión correctamente, o si fue sólo mi imaginación.

"Te diré algo que no mucha gente sabe," me dijo a través de un médium. "Así es como nos comunicamos con ustedes; a través de su imaginación ".

"¿Eso quiere decir que todo en mi memoria puede ser utilizado por ustedes para entregar un mensaje a través de mi imaginación?"

"Sí, así es como funciona. Entregamos un mensaje en forma de energía a tu alma, que, utilizando tu experiencia colectiva, lo traduce y lo entrega a través de tu imaginación a su ser consciente. Recuerda, Edward, que la oscuridad se comunica de la misma manera que nosotros, los de la Luz: a través de tu imaginación, y un buen hombre sabe la diferencia, ya que nunca te pediremos hacer o decir algo que pueda causar daño a los demás ".

"Gracias."

Pasaron los días; dormí, trabajé, trabajé en mi libro, dormí de nuevo, entonces sólo dejaba que mi mente flotara por sí sola mientras despertaba y me vi a mi mismo entrando a una habitación blanca sin muebles con una alfombra gris corta.

Era un espacio utilizado exclusivamente para pasar. No había muebles ni decoración en las paredes. No había ventanas o puertas aparte de la que use para entrar y, a primera vista, parecía que no había otras salidas.

Sin embargo, al moverme en la habitación vi una abertura que estaba oculta al principio por el ángulo de la pared. La habitación estaba alargada y en forma de L con el corte de la esquina interior formando otra pared. Se sentía como si estuviera invitándome a pasar a través de ella más que cualquier otra cosa. La abertura en la habitación estaba en mi lado izquierdo y era sólo una abertura desde el suelo al techo sin puerta u obstrucción de ningún tipo; daba a un ocupado y moderno aeropuerto. Luego había un prado de una montaña al otro lado de la puerta, y luego otro paisaje, y luego otro y otro.

Se estaba haciendo más fácil entender mis visiones; tal vez toda mi práctica estaba dando sus frutos.

Esta visión me dijo que donde yo estaba en mi vida era sólo un lugar de paso y cuando lo hubiera hecho, podría elegir cualquier destino y nada me detendría.

Me gustó despertar a una visión así; era una buena manera de empezar el día. Con la visión resuelta, era hora de una ducha y luego algo para desayunar.

¿Sonaría extraño si dijera que hablé con mis visiones y que mis visiones respondieron? Probablemente, aunque sería más exacto decir que nos comunicamos el uno con el otro.

Cuando planteaba una pregunta, yo veía una visión fresca y relevante, o las anteriores se reunían y se comportaban como una lectura del tarot para darme una respuesta. Si yo no entendía, simplemente se quedarían conmigo hasta que lo hiciera.

Si aparecían sólo una vez, significaba que entendía lo que decían.

A veces lo que entendía la primera vez era correcto para mí en ese momento en particular y luego, después de unos cuantos años más de contemplación y experiencia de vida, la visión volvería para profundizar en ella. El nivel más profundo requería que tuviera experiencias de vida, asimilarlas en lo que soy y contemplar las nuevas interconexiones.

Supongo que es un poco como las matemáticas en el sentido que siempre hay un nivel más profundo que espera ser entendido.

Edward Spellman

Capítulo 38

La Base para el Resto de mi Vida

Seguía viéndome a mí mismo, tanto cuando estaba durmiendo como cuando estaba despierto, construyendo una casa.
¡No! No una casa, la base de una casa.
En esos sueños y visiones, yo estaba construyendo la base de una casa circular con troncos puramente verdes. La estructura básica estaba establecida en círculos concéntricos, como ondas en un estanque. Y me sentía emocionado. Emocionado de una manera que no me

había sentido en mucho tiempo. Se sentía como si algo que yo había esperado desde hace mucho tiempo estaba a punto de suceder.

Me vi preparando cada tronco, despojándolo de su corteza, alisando las zonas ásperas, tallando las articulaciones y encajándolas en su lugar.

Vi como hice las articulaciones y monté los troncos. Todos los troncos se unieron sin clavos, pernos o tornillos, como si todas las articulaciones se autobloqueaban. Cada tronco de que se añadía hacía los troncos que ya estaban en su lugar más seguros y estables. Una vez completa, sería capaz de resistir cualquier tormenta.

La visión me dijo que la base era la base para el resto de mi vida. Significaba que todas las experiencias que había tenido, algunas de las cuales están en este libro, junto con la experiencia de escribir este libro, creaba una base de las habilidades y atributos que reuní a lo largo del camino.

Tan pronto como escribí eso, tuve otra visión. Esta vez me vi como un caballo castaño de tamaño mediano, con grandes manchas blancas, haciendo cabriolas por una playa en la sombra. Al mismo tiempo, yo era el caballo encabritando por la playa. Me deleitaba con la sensación de la arena bajo mis pezuñas, el viento en mi melena, el silbido de mi cola, y el olor de la sal en el aire cuando lo inhalaba por mis fosas nasales.

Me movía por la playa hasta que llegué a un afloramiento de roca erosionada: había un arco en la roca que tenía un tipo de barrera en ella. Se parecía un poco a la superficie de una burbuja de jabón con el sol brillando en ella, a pesar de que estaba en el centro del arco donde el sol no llegaba. Al tocar la barrera con mi hocico, sentí una ligera resistencia, no mucha, sólo un poco y caminé hacia adelante, haciéndome camino empujando.

Vi esto desde ambos lados del afloramiento, al mismo tiempo, así como desde el punto de vista siendo el caballo. Desde un punto de vista, un caballo castaño con blanco entró a la barrera, mientras que desde el otro punto de vista, un brillante unicornio blanco, con una melena y cola más larga que la del caballo, y cabello de plumas alrededor de sus espolones, salió de ella hacia otra playa.

Los colores eran más brillantes en este lado y el mundo entero brillaba con una fuerza vital que nunca había visto antes. Como el unicornio, podía ver más lejos y con mayor claridad y propósito. El aire era dulce, despejado y refrescante. Respiré profundamente y sentí una profunda sensación de magia y maravilla llenarme.

Edward Spellman

De esta visión, parecía que iba a pasar por un gran cambio en mi percepción de mí mismo y de la realidad. No fue que el caballo se transformó en un unicornio, fue simplemente que una vez que pasé por debajo del arco, mi verdadera naturaleza fue expuesta.

La barrera, un punto particular en el espacio y el tiempo, detuvo las sombras del pasado de moverse hacia mi futuro presente, y las sombras del pasado eran el miedo y la duda. Parecía que finalmente sería capaz de dejarlos atrás, o verlos transformarse como el unicornio simbolizó al salir de la barrera.

El color del unicornio, de color blanco puro y brillante, me dijo que mi conexión con el espíritu sería más profunda y más significativa de lo que podía haber imaginado.

El Regalo de Uriel

Pasé mucho tiempo meditando y contemplando las visiones que había visto, y de vez en cuando, cuando meditaba para obtener comprensión de una visión, otra aparecía. En este caso yo estaba tumbado en la cama contemplando el momento en que ésta tarea estuviera completa, y pensando en las posibilidades que este viaje crearía en mi futuro cuando me vi de pie en la cima de una montaña con vista al campo por el que había viajado para llegar ahí. El camino por el que había llegado era áspero y enredado, pero cuando miré sobre el paisaje, me di cuenta que nunca hubo otra manera de llegar a donde estaba.

Al mirar alrededor, vi que la cima de la montaña estaba en el borde de una meseta alta y continuaba hacia adelante, por lo que no tenía que volver a bajar la montaña.

La visión me dijo que después de haber llegado tan lejos, el viaje no sería tan difícil en el futuro. También me mostró los obstáculos que había superado para llegar tan lejos.

El Regalo de Uriel

Capítulo 39

El Pasillo de Piedra

Me vi caminando a través de un pasadizo subterráneo, forrado de piedra, perfectamente recto de unos ocho pies de alto y seis de ancho. Tenía paredes de piedra de corte regular, un suelo oxidado de color naranja pavimentado con piedras cuadradas de dos pies y techo de piedra. No había esquinas sombrías, no había rincones o recovecos ni pasajes laterales. Era de tres bloques de ancho y arreglado como los cuadros de un tablero de ajedrez con la luz uniforme a lo largo del pasadizo.

El Regalo de Uriel

Aunque el techo estaba hecho de losas de piedra que se extendían por el pasillo de lado a lado, y eran tan anchas como tres piedras de pavimentación, no había sensación de peso, o presión, desde arriba. Adelante vi una puerta abierta, mientras que detrás de mí, el pasillo se perdí en una neblina.

Cuando llegué al final del pasillo, había una puerta abierta que conducía a una gran sala construida igual que el pasadizo. La habitación era de cincuenta a sesenta pies de largo, unos treinta de ancho, y dos veces la altura del pasadizo. No había ventanas y, sin embargo, la luz era de la misma calidad que el pasillo.

Miré por la habitación mientras estaba de pie en la puerta y noté las otras tres puertas. Las cuatro puertas eran de la misma configuración, aunque las otras tres estaban cerradas. Eran grandes losas de piedra que operaban deslizándose verticalmente.

Tenía una fuerte sensación de que si entraba en esa habitación, no sería capaz de volver por donde vine. Aun así, sabía que la única manera de saber lo que venía después era pasando por ahí.

Con un poco de miedo, entré en la habitación y la puerta se cerró inmediatamente detrás de mí.

No había sensación de peligro, por lo contrario, me dominó una sensación de estar seguro y protegido, y sin embargo, sabía que tenía mucho que hacer antes de salir.

Mientras me movía por la habitación, encontré que había tareas específicas para llevar a cabo y rompecabezas que resolver. Eran las llaves para abrir las puertas en la salida. Me puse a trabajar y completé con éxito cada obstáculo.

El Regalo de Uriel

Cuando terminé el último rompecabezas, se activaron dos puertas en los extremos. Agua entró e inundó la habitación y me vi forzado hacia el techo. Pronto estaba luchando por respirar, a punto de ahogarme. Tomé mi último aliento cuando el agua me envolvió.

La cuarta puerta se abrió, provocado por el peso del agua. Me deslicé por ella con el agua y caí en mis pies. Estaba en un entorno sin paredes. No había límites en absoluto, a excepción de un piso y sabía intuitivamente que la única razón por la que había un piso en absoluto, era para asegurarse de que no me asustara.

Sólo podría describir ese lugar como ilimitado y, aun así, esa palabra parecía extremadamente inadecuada. Pero, ¿cómo podría describir una realidad ilimitada?

Reflexionando, esta visión se presentó como una película de aventuras conmigo como el personaje principal. El pasillo de piedra por el que estaba caminando era mi vida; la niebla era mi pasado; la luz era mi guía espiritual. Que el pasillo fuera recto, sin túneles secundarios o pasajes me dijo que yo era guiado a un lugar específico representado por la puerta y la habitación después de ella. El pasillo recto también me mostró que no importa cuáles fueran mis opciones, siempre iba a terminar en ésta puerta.

Las paredes del pasillo de piedra representaban las limitaciones de mis percepciones, tanto de mí mismo y de la realidad. La falta de presión de arriba mostraba la calidad de mi orientación y que a pesar de que estaba siendo guiado en una dirección específica, no estaba siendo empujado o forzado. Había emprendido el viaje bajo mi propia voluntad.

La puerta en sí representaba el punto en mi vida donde tuve la opción de emprender el viaje hacia la auto-conciencia o permanecer oculto dentro de lo mundano.

Cruzar la puerta representaba un compromiso de caminar hacia lo desconocido; tener fe y aceptar las consecuencias y las lecciones que me esperaban.

La puerta cerrándose me mostraba que una vez que la elección se había hecho no había vuelta atrás. Adentrarme en la habitación mostraba que mis percepciones de la realidad se expandían más allá de lo que habían estado, una vez que me había cometido a este camino.

Una vez en la habitación, me encontré con una serie de tareas y rompecabezas que reflejan perfectamente cómo mi propio cerebro y espíritu tienen que moverse a través de los obstáculos y desbloquear las pistas para seguir avanzando en mi aventura de autodescubrimiento.

Luego la habitación se inundó con agua y sentí como si me estuviera ahogando. El agua era la emoción y el viaje en sí a menudo me había hecho sentir como si estuviera demasiado profundo y ahogándome.

A continuación, la cuarta puerta se activó y fui llevado a un lugar sin límites. Era todo el proceso de descubrimiento y reflexión que generaba tanta emoción—esa sensación como si me estuviera ahogando y abrumado—y ese fue el catalizador para el siguiente paso.

Una vez fuera de la habitación, me quedé en otra área pavimentada de piedra que sabía que estaba allí sólo para reconfortarme—para darme un lugar donde poner los pies de alguna forma, sobre todo porque yo no entendía lo ilimitado que este lugar representaba.

La cuarta puerta también representaba mis últimas barreras y resistencia a lo que

El Regalo de Uriel

viene después, que se muestra como un camino más allá de la valla en la visión, *Sigue la cascada de tierra.*

Una vez a través de esta puerta, todo cambiaba.

Edward Spellman

Capítulo 40

El Granjero y sus Ovejas

Esta historia fluyó en mi mente casi de la misma forma que un vaso se llena por una jarra de agua. Tomó tiempo en asentarse y volverse clara. Una vez que lo hizo, esto es lo que vi.

Había un agricultor moderno con un rebaño de ovejas que guardaba en un gran bloque de tierra, tal vez mil acres, con una sola valla.

Al comienzo de esta historia, todas las ovejas estaban recién esquiladas, entonces, mientras la historia continuaba sus vellones crecieron hasta que fue de nuevo tiempo para trasquilarlas.

El agricultor no se quedó con sus ovejas todo el tiempo; permitiéndoles pastar a voluntad y luego revisarlas con regularidad para verlas, contarlas y hacer las cosas que hacen los criadores de ovejas.

En torno al centro de la granja había patios temporales donde traía a las ovejas regularmente para revisarlas. Cada vez que hacía esto, inevitablemente faltaba una oveja. No era sólo que había una oveja perdida; siempre era la misma oveja. No parecía ser diferente de cualquiera de las otras ovejas. Y cuando estaba con las otras ovejas se comportaba de la misma manera que ellas.

El granjero y su perro pastor fueron a buscar a la oveja y siempre la encontraban y la traían de vuelta, de mala gana, desde fuera de la valla. Luego buscó hasta encontrar el agujero donde un tejón o canguro había empujado por las plazas de alambre de la valla dejando un agujero lo suficientemente grande para que las ovejas salieran y lo reparó, sólo para que lo mismo sucediera de nuevo.

Después que este patrón se repitiera varias veces y todas las ovejas tuvieran los vellones completos, llegó el momento de esquilar y de nuevo había una oveja perdida; pero esta vez sin importar cuánto buscara el granjero, no pudo encontrar la oveja ni pudo encontrar el agujero en la valla por donde se había escapado.

Así que pregunté en mi mente, *¿Qué representa la granja donde las ovejas pastan?*

La respuesta fue clara: *La granja es una representación de la realidad tridimensional en la que se te enseña a existir.*

¿Y la valla?

La valla es los conceptos y creencias fundamentales con los que has sido programado durante toda su vida que contienen y soportan las limitaciones de una realidad tridimensional.

¿Qué pasa con el granjero?; ¿qué representa él?

El granjero es el ego. El ego construye la valla. El ego mantiene y repara la valla. Y es el ego que te trae de vuelta desde más allá de la valla en las ocasiones en las que te has deslizado por ella.

¡Bueno! Entonces, ¿qué hay más allá de la valla?

Aquello que está más allá de la valla se compone de lo espiritual, metafísico, y lo místico que constituye las experiencias que has escrito en este libro. Aquello que está más allá de la valla está fuera de los parámetros que definen y contienen la realidad tridimensional.

¿Y las ovejas?

La oveja eres tú, Edward.

¿Qué pasa con la lana de la oveja?

La lana tiene varios significados. Al comienzo de la historia de la oveja es esquilada, y termina con un vellón completo. Esto demuestra la correlación entre tu autoestima y este libro. Cuando comenzaste, tu autoestima era casi inexistente. Cuando termines este proyecto, que es como siempre, un reflejo de tu viaje a la autoconciencia, tu autoestima habrá vuelto a crecer, por así decirlo. También representa la energía personal que otros han tomado de ti en el pasado.

¿Eso significa que los agujeros en la valla son mis incursiones en la dimensión espiritual, metafísica y mística más allá de la valla que son las experiencias que he escrito aquí?

Sí, eso es correcto.

Si entiendo esto correctamente, esto quiere decir que, una vez que mi viaje a la autoconciencia y este libro estén completos, ¿me habré recuperado de la programación que me inhibe y me contiene en esta realidad tridimensional que me permite moverme libremente entre la dimensión espiritual, metafísica y mística, que presiden allá de la valla?

Correcto de nuevo, hijo mío.
Gracias.

Esto no quiere decir que existo sólo en esta realidad tridimensional. Simplemente significa que el paradigma que me ha definido ya no me contendrá, y el nuevo paradigma con el que me defino, incluye el desarrollo físico y metafísico, así como el espiritual y místico.

El reino dentro de la valla no estaba separado del que está más allá de la cerca, simplemente no reconocía lo que estaba más allá de la valla, mientras que existía dentro de él.

Capítulo 41

El Taller de Dios

A veces, cuando llegaban visiones, me dejaban en estado de shock; en otras ocasiones, las aceptaba con calma sin lugar a dudas.

Cuando las visiones se apoderaban, venían de formas visuales, audibles o ambas. Podrían venir con tacto, gusto, olor, sonido y con otros sentidos para los que no tenía ni nombre. Esta visión en particular se deslizó en mi conciencia con una sensación de calma y de alguna manera, una sensación de atemporalidad.

El Regalo de Uriel

Me vi caminando hacia un gran edificio sin ventanas con una enorme puerta amarilla de tres piezas. Cada sección de la puerta de tres partes era de unos treinta pies de alto y doce pies de ancho.

En mi mano derecha, sostenía una llave dorada con forma de una estrella fugaz estilizada, que se miraba bastante como un cometa con una cola ardiendo por la atmósfera. Era de oro macizo y pesada. Medía alrededor de tres pulgadas de largo, dos de ancho y un poco más ancha que profunda. Era una llave electrónica con un botón en el ojo del cometa, y cabía perfectamente en la palma de mi mano con familiaridad.

A medida que me acercaba al edificio, que era un taller, un grupo de gente enfadada pasó por delante.

Para mi sorpresa, estaban enojados conmigo y uno de ellos se separó del grupo y se acercó, diciendo: *No es justo que tú tengas la llave. ¿Por qué no podemos tener la llave? Eso no es justo.*

No tenía ninguna respuesta para él; no sabía por qué tenía la llave.

A continuación, reunió a su grupo, quejándose de la injusticia de todo. Pronto estuvieron fuera de vista y mi atención regresó al taller.

Me puse delante de las tres puertas de color amarillo brillante del taller. Eran del tamaño de una casa de dos plantas y totalmente herméticas. Levanté la llave, la apunté hacia las puertas y pulsé el botón. Las puertas se plegaron suavemente en sí mismas, abriéndose a mi derecha y revelando el taller para que lo explorara.

No había ninguna señal encima del umbral, pero si hubiera habido, habría leído, *Taller de Dios*.

Al adentrarme en el taller, mi mente volcó y se retorció un poco hasta que finalmente se estableció. Pasar por la puerta era como entrar a *otro lugar y otro tiempo*; o tal vez, *a todos lados, y todo el tiempo*.

Justo después de la puerta y a mi izquierda, había una máquina que se parecía un poco a un gran torno industrial, pero era mucho más que eso. Al examinarlo sabía que, junto con todo el taller, existía en todas las dimensiones del tiempo y espacio. Siempre había estado allí y siempre estaría allí.

A mi derecha, había otra máquina, si se puede llamar así, que parecía totalmente orgánica. Parecía como si hubiera sido cultivada. Exudaba poder y una luz suave que parecía contener estrellas del tamaño de las partículas de polvo. Cada vez que la miraba había algo diferente en ella que mi mente no lograba entender. Aun así, sabía lo que hacía: reorganizar materia. Esta máquina cambiaba la estructura y la densidad de moléculas básicas, transformando un elemento en otro.

En este taller, se podía hacer cualquier cosa, y por tener la llave, tenía permiso para crear cualquier cosa que quisiera.

Me pareció que el propósito principal de esta visión, además de mostrar que algunas personas estarían celosas y querrían la llave, era plantear la pregunta: *Si pudieras hacer cualquier cosa que desees, y puedes, ¿qué sería?*

Eso es fácil. Quería terminar mi viaje a la auto-conciencia y hacer mis propias copias de *El Regalo de Uriel*.

Esta visión también me recordó a un predicador local que vino a mi puerta varias veces para hablar de Jesús y Dios. A menudo me gustaba hablar con predicadores, pero por lo general no respondía a sus preguntas con mucho detalle.

En la última ocasión que este predicador vino, tenía a su esposa con él y empezamos a hablar de Jesús y la Biblia, pero en ese día, quise responder a sus preguntas lo más honesta y completamente que pude en lugar de contenerme, como usualmente hacía.

Y pronto aprendí de mi error.

A medida que el predicador me preguntó acerca de Jesús, le respondí con honestidad. Cuanto más le revelé sobre mi relación con Jesús y mis experiencias, más rojo se volvió su rostro. Ira estaba saliendo de él en olas y parecía que estaba bastante molesto porque no había tenido estas experiencias con Jesús, a quien quería y seguía.

La esposa del predicador vio que nuestra conversación estaba alterando a su marido, por lo que ella lo tomó de la mano y se lo llevó.

Esa fue la última vez que el predicador vino a mi puerta y fue una buena lección, y advertencia, para mí.

Edward Spellman

Creo que cualquiera puede tener la llave para el Taller de Dios si están dispuestos a entrar en sí mismos, hacer el trabajo de autoexploración y dar saltos de fe.

El Regalo de Uriel

Edward Spellman

Capítulo 42

Enterrado en un Derrumbe

Yo estaba abajo por la línea de la costa tomando un café y mirando al otro lado de la bahía de Moreton. Estaba viendo la luz del sol brillar sobre el agua cuando vi una visión de Jesús y yo.

Jesús arrancaba frenéticamente con sus propias manos las piedras flojas del derrumbe que me había enterrado. Mientras más lo intentaba, más piedra floja caía para reemplazar lo que se había movido.

En el interior del desprendimiento de rocas, estaba a salvo y protegido en una burbuja protectora, como si hubiera un campo de fuerza alrededor de mí.

Las rocas que componían el derrumbe eran todas del mismo tipo, de un color gris de brillo opaco. Eran pequeñas, ninguna más de la mitad del tamaño de la cabeza de una persona; sus bordes y superficie eran lisas como esteatita.

A salvo en mi capullo, no era consciente de los esfuerzos de Jesús para desenterrarme. Mientras lo observaba atacar la roca suelta, podía sentir sus emociones. Reconocí sus sentimientos de la vez en que perdí a mi hijo menor cuando tenía tres años y medio de edad, en la Expo Brisbane en 1988. Mi hijo había deslizado su mano de la mía y tomó cerca de un millar de años, o diez minutos, encontrarlo. Los sentimientos que experimenté eran los mismos que Jesús me estaba permitiendo sentir de él en la visión. Sólo sentir esas emociones dirigidas a mí era suficiente para hacer llorar a un hombre adulto; lo cual hice.

Después de lo que parecía ser un muy largo tiempo, Jesús dejó de tratar de desenterrarme y metió una barra de acero larga y estrecha en el derrumbe y hasta donde me encontraba en mi capullo. La varilla de acero era una guía para que yo la siguiera y encontrara la salida.

La roca alrededor de mí en mi capullo no se comportaba de la misma manera que la roca en el exterior donde estaba Jesús. Donde él estaba, la roca estaba suelta y caía al menor contacto. Dentro de donde yo estaba, las rocas tenían las propiedades magnéticas de la magnetita, así que podía moverlas de un lado de mi espacio al otro, y pude moverme por la guía que Jesús me había proporcionado. De vez en cuando, movía una roca, luego me detenía y miraba a mi alrededor, luego me movía un poco más sin una verdadera idea de a dónde iba, o siquiera que estaba enterrado bajo una pila de rocas. Sólo estaba siguiendo la guía para ver qué pasaba.

Esta visión me dejó en una cafetería pública con lágrimas corriendo por mi rostro y un nudo en la garganta por lo que me levanté y me fui completamente avergonzado. Las emociones de la experiencia fueron abrumadoras.

Jesús había estado tratando de sacarme desde 1997, durante los últimos quince años, aunque probablemente más. Era un gran derrumbe.

Capítulo 43

Un Granjero, su Hijo y el Caballero

Esta historia se proyectó en mi mente como una película en una pantalla. Estaba basada en la Edad Media, en la época de los caballeros y la caballería.

En la primera escena, un granjero y su hijo caminaban a lo largo de un camino de tierra que era lo suficientemente amplio para que cuatro personas caminaran al corriente, en dirección a la feria anual. Estaban emocionado; el granjero, porque estaba llevando a su hijo por primera vez, y el hijo, porque nunca había ido.

Cuando los dos llegaron al bosque de robles por el que pasarían de camino a la feria, se encontraron con un caballero, cubierto de los pies a la cabeza, incluyendo su visor sobre su rostro, en una armadura dorada. Estaba de pie justo en medio de la carretera y les cerró el camino.

Cuando se acercaron, el caballero, que estaba solo en el centro de la carretera sin armas o caballo, dijo al granjero, *Si quieres pasar, debes luchar contra mí o renunciar a tu hijo.*

El granjero respondió cortésmente, *No voy a luchar ni voy a renunciar a mi único hijo.*

Mientras veía la visión, la voz del caballero sonaba extrañamente familiar, pero no podía reconocerla.

Con eso, el granjero y su hijo se dieron la vuelta, decepcionados, y volvieron a su granja.

Al año siguiente, tomaron el mismo camino a la feria, sólo para encontrar de nuevo al caballero de armadura de oro bloqueando la carretera. Y otra vez el caballero dijo el granjero, *Si quieres pasar, debes luchar contra mí o renunciar a tu hijo.*

Y otra vez el granjero respondió cortésmente, *No voy a luchar ni voy a renunciar a mi único hijo.*

Una vez más, como hicieron el año anterior, el granjero y su hijo regresaron a su granja para esperar otra oportunidad.

Por tercera vez, el granjero y su hijo intentaron el mismo camino, y de nuevo por tercera vez el caballero de oro bloqueaba la carretera. Y de nuevo volvieron a su granja sin llegar a la feria.

Cada año, el granjero y su hijo saldrían hacia la feria y cada año encontrarían su camino bloqueado por el caballero de oro.

Al principio, trataron otros caminos, pero sin importar qué camino intentaran, el caballero de oro bloqueaba la carretera.

El Regalo de Uriel

Ya que los caminos conocidos no funcionaron para llegar a la feria, comenzaron a probar otras maneras. Trataron de caminar a través de los campos y el caballero de oro estaba allí. Trataron de escabullirse a través del bosque y el caballero de oro estaba allí. Trataron de deslizarse a través del campo en la noche y otra vez el caballero bloqueó su camino.

A veces se preguntaban si todo lo que el caballero de oro hacía era pensar en formas de bloquear su camino.

El hijo creció a edad adulta, y este año él y su padre caminaron juntos por el mismo camino por el que habían conocido al caballero de oro por primera vez; y allí estaba de nuevo.

Al igual que ocurría cada vez que se encontraban con él, el caballero dijo estas palabras, *Si quieres pasar, debes luchar contra mí o renunciar a tu hijo.*

Antes de que el granjero pudiera responder, el hijo se adelantó y dijo: *Yo te reto a un duelo.*

Y la visión desapareció.

Mientras miraba a esta visión, mi línea de vida estuvo apareciendo y desapareciendo frente a mis ojos diciéndome que estaba conectada. Los tres personajes eran aspectos de mí mismo. El granjero era yo antes del accidente en 1996, cuarenta y dos años y sin envejecer. Su hijo, por el contrario, envejecía y me representaba durante los últimos veinte años. El caballero de la armadura de oro era mi futuro yo; vistiendo la armadura que la Diosa me dio en el Capítulo 19, Mi Armadura de Oro.

La confrontación con el caballero era una confrontación con mi futuro yo. El aspecto de cuarenta y dos años de edad me retuvo hasta que estuve listo para enfrentarme a mí mismo, y mi futuro yo me cerró el paso hasta el momento en que estuve listo.

El enfrentamiento en sí era cuando dejé todo a un lado y estudié todo lo que había escrito y terminé mi libro, como el monje eremita en la cueva de la montaña del Capítulo 31, Tu Pasado Apunta a tu Camino.

Capítulo 44

Laguna Redcliffe

En agosto de 2005, tuve una experiencia temprano una mañana, la cual diligentemente registré en mi diario, y luego fue convenientemente escondida debajo de la roca en el fondo de mi mente para olvidarla. Apenas la semana pasada, estaba revisando mis diarios y la encontré. A medida que leía lo que escribí, todo regresó de golpe.

Recuerdo escribir que me sentía como si había algo faltaba en mi mente; que pude encontrar el lugar donde debía estar, pero no podía encontrar lo que sea que fuera. Se sentía como si tuviera amnesia espiritual. Por último, lo que se me había perdido había sido encontrado.

A veces, las cosas que veía y experimentaba estaban tan fuera de mi percepción de la realidad que necesité ser protegido de ellas hasta que pude manejarlas sin salir corriendo gritando por las montañas o sentir mi ego colapsar. Esta fue una de esas experiencias.

Cuando una experiencia como esta llegaba y no estaba preparado para ella, venía con una especie de sedante espiritual para suavizar mis reacciones y darme tiempo para asimilarlo en mi psique. A veces se sentía como un amortiguador, y en ocasiones venía con un bloqueo de retardo, como éste. Así que, esto es lo que ocurrió en la Laguna Redcliffe.

Me desperté temprano en la mañana con una llamada telefónica cancelando mi turno para el día. En vista de que ya estaba despierto, subí a mi coche y conduje diez minutos a Suttons Beach.

Cuando llegué allí, la marea estaba baja y el agua turbia, llena de algas, con miles de medusas azules tanto en el agua como en la playa. No estando acostumbrado al océano, opté por no nadar con todas las medusas y algas. Por suerte, un poco más allá del extremo norte de la playa, había una laguna artificial paisajística, así que me dirigí allí para mi inmersión en agua salada.

Nadé ahí por un rato, disfrutando de la sensación del agua fría en mi piel y moviéndome a través de ella. De pie hasta cuello en las aguas cristalinas de la laguna, oí el más ligero toque, como una pluma, de una voz en el fondo de mi mente animándome a relajarme y flotar; a rendirme y tener fe.

Yo no floto. Nunca pude hacerlo. Antes de ese día, nunca había sido capaz de simplemente descansar, relajarme y flotar. Oh, por supuesto, podía hacer mi propia versión que necesitaba constante movimiento de las dos manos y los pies. A veces podía lograrlo sólo con las manos, pero si dejaba de moverme, debido al estrés y la tensión en mi cuerpo, me hundía debajo de la superficie y entraba agua en mi boca y mi nariz.

De pie hasta cuello en el agua, sin embargo, y escuchando el ligero toque de la voz dentro de mí, fui receptivo.

Cierra tus ojos, oí en mi mente.

Así que los cerré.

Ten fe. Ríndete, instruyó la voz.

Entonces sentí el ligero toque como una pluma de nuevo, aunque no como una voz, sino ejerciendo una fuerza directamente contra mí. Me tocó en la frente, justo entre los ojos y empujó. Me empujó con una fuerza que era tan suave que era como el más ligero roce de una pluma, como si no debiera ser capaz de mover una sola pulgada y, sin embargo, lo suficientemente fuerte como para mover montañas.

Entregó con su empuje, el conocimiento que permitiría que ningún daño viniera a mí y entonces, por primera vez en mi vida, al ser empujado hacia atrás, me recosté en el agua con fe y me rendí— ¡y floté!

Floté allí por un tiempo. Fue maravilloso. Luego me levanté y abrí los ojos, diciendo en mi mente, *Esta bien, lo entiendo. Necesito tener fe y rendirme.*

La voz regresó, *Cierra los ojos.*

Sentí de nuevo el empujón en la frente y floté otra vez, en el seno de la creación, *Quédate un poco más—ten fe—ríndete*, susurró en el fondo de mi mente.

Cuando llegué a la conclusión de que esta era la manera de vivir mi vida, se me permitió ponerme de pie y abrir los ojos.

El Regalo de Uriel

Satisfecho con mi descubrimiento, decidí dejar la laguna. Había duchas de agua fresca para lavar el agua salada y ahí es adonde me dirigí. Podía ver la ducha, un par de mesas de picnic, un bloque de baño público, un puente sobre un riachuelo artificial, la caseta de un jardinero y una rampa peatonal que zigzagueaba a través de los árboles hasta la calle a unos treinta pies arriba.

La voz susurró de nuevo en el agua, *Cierra los ojos.*

Así que cerré los ojos.

Mientras me movía en el agua con los ojos cerrados, el agua se hizo más profunda. De pie en las puntas de mis pies, alcanzó justo entre mi labio superior y la nariz. *Ten fe—ríndete—fe—ríndete---fe—ríndete—ahora abre los ojos.*

El número de pasos que di me debieron alejar de la laguna, pero todavía estaba en el agua hasta el labio superior.

Edward Spellman

Abrí los ojos y miré a lo largo de la laguna y el océano lejano. Estaba viendo en dirección opuesta a la ducha, con vista a un tranquilo tramo de mar, con el cielo azul arriba, y con un sentimiento de esperanza y promesa en mi corazón, y calidez de mi vientre.

Me di la vuelta y de nuevo me dirigí a la ducha.

Cierra tus ojos.

Así que cerré los ojos de nuevo y caminé hacia la ducha. Mientras caminaba, me di cuenta de que el agua no se volvía menos profunda como debía al acercarme los escalones, *Abre los ojos.*

Y otra vez estaba frente al océano, con los escalones y la ducha directamente detrás de mí.

Cuando fui a casa, comprendí que me estaban diciendo que, si tengo la fe y me rindo, Jesús me guiará en una dirección completamente diferente a la dirección que

El Regalo de Uriel

yo pensaba que iba. Y ese océano abierto—la dirección que Jesús tenía en mente—era mucho más extenso que el mundo en el que vivía.

Así que tener fe, entregarme, permitir que Jesús me guíe, y voy a terminar en un lugar completamente inesperado.

Podría ser divertido.

Capítulo 45

Sigue las Ondas

Hace algunos años, Jesús me dijo, *Vive una vida que te haga orgulloso de la vida que has vivido.* Pero un temor mío seguía volviendo, así que lo escribí: el mismo temor que tenía desde que empecé *El Regalo de Uriel*—perderme a mí mismo—perder mi identidad—ser controlado por algo más—de ser una marioneta que está consciente de lo que está pasando, pero sin opción ni control.

Tan pronto como escribí eso, oí su voz de nuevo: *Entiendo tu miedo, hijo mío, y de alguna manera, estás en lo correcto. Has perdido, y aun así tienes dentro de ti, el tú que comenzó este viaje. Era tu ego que temía su propia perdida—que aún persiste un poco y que ha salido ahora porque estás tan cerca.*

Permíteme asegurarte a tu ego que va a tener experiencias y ver cosas que nunca tendría o vería si no se encuentra en el asiento del pasajero—no busco controlarte, hijo mío—sólo guiarte por el camino que tú y yo discutimos antes de que nacieras, y de nuevo el día de tu accidente.

Sentí un flujo de energía cálida y sonriente por mi cuerpo. Cuando Jesús me sonríe, se siente como el sol de primavera con la dulce y floral fragancia, como la miel, de la azucena en flor.

Jesús dijo: *¿Sientes eso? Sé que lo haces, y también, sé que entiendes que soy yo quien te toca.*

El siguiente martes por la mañana, estaba editando lo que tenía escrito en la computadora. Cuando pensé que era momento para un descanso, puse un poco de incienso, puse un disco de Enya, agarré mis auriculares y me acosté un rato. Casi tan pronto como me relajé, estaba en el camino de un acantilado de color carbón. El camino era una cornisa plana y nivelada, donde el acantilado retrocedía unos cuatro pies y se extendía detrás de mí hasta que desaparecía en la distancia. Al mirar hacia atrás por donde había venido, vi que estaba impecablemente limpio y completamente libre de obstáculos. El camino delante de mí, sin embargo, estaba cubierto de escombros, pero me encontraba casi al final. El camino desaparecía en una esquina a la derecha, desde donde brillaba una luz dorada, añadiendo otra dimensión a la luz normal del día.

Escuchando "Trains and Winter Rains" de Enya, me vi recoger rocas que bloqueaban el camino y arrojarlas por el borde. Entonces me encontré con una escoba de paja y barrí el camino hasta que estaba limpio. Me sentía nervioso, y más que un poco emocionado. Esto significaba que estaba a punto de terminar.

El camino a lo largo del acantilado estaba casi despejado, lo que significaba que había despejado casi todos los obstáculos en mi camino.

No mucho después de esta visión, me encontré preguntando, por enésima vez, *¿Por qué?*

Él respondió en el fondo de mi mente, *¿Por qué crece el árbol? Porque planté la semilla.*

Mientras pensaba en la respuesta de Jesús a la pregunta de por qué, vi a Jesús a cierta distancia de pie junto a un estanque de agua quieta. Estaba vestido igual que cuando vino a mí hace años en el claro del bosque, una túnica hasta la rodilla y sandalias con correas envueltas.

Había una piedra lisa negra del tamaño de una pelota de golf en su mano derecha, hizo su mano hacia atrás, me miró y sonrió mientras lanzaba la piedra en el aire por encima de la piscina.

La piedra despegó lentamente en un arco que terminó cuando aterrizó en el centro de la piscina enviando ondas en todas las direcciones sobre la superficie.

¿Por qué hay ondas en el estanque? preguntó con un brillo en sus ojos. *Porque lancé la piedra. ¿Por qué lancé la piedra? Para crear las ondas en el estanque. Sigue las ondas, hijo.*

Puedo hacer eso, pensé.

¡De acuerdo! Entonces, ¿qué hice o en dónde terminé después de no haber muerto?

Lo que vino a mi mente primero fue, en realidad, morir en el accidente de coche y reunirme con Jesús y el Arcángel Uriel y al que yo llamo Farronell. Al seguir las ondas, fui salvado por mis guías para poder morir y encontrarme con ellos—para que se me pudiera mostrar por qué estoy aquí y volver y continuar mi camino.

La siguiente pregunta tenía que ser, *¿A qué volví?*

Volví no sólo para escribir el libro, sino para tener las experiencias que eran necesarias para crearlo.

Siguiendo las ondas puedo ver que fui salvado tantas veces para permitirme terminar lo que he venido a hacer: para aprender, para crecer y profundizar mis experiencias en la vida.

Edward Spellman

Capítulo 46

¿Por Qué No Yo?

Durante años, quise una traducción de la profecía que Jesús me dio y tallé en mi bastón, pero ¿quién podría hacerlo?

Tonto de mí. Tenía el bastón y la única copia de la profecía, así que, ¿tal vez se suponía que yo lo interpretara? (La profecía completa sin la interpretación está en el capítulo 17, Dedos Sangrantes.)

Así que hice lo que pude.

1:1 En los días que lleven número nueve,
Siempre había encontrado esta primera línea confusa, entonces me di cuenta que, si

seguía el consejo de Jesús de 'seguir las ondas', siempre estuvo destinada a ser confusa. Después de haber visto eso significa que ya no necesitaba estar confundido, entonces debe ser tiempo para que yo interprete la profecía. Recordando que de la confusión viene la claridad.

1:2 del Nuevo Mundo se levantará, el profeta Elías,

El Nuevo Mundo es el mundo que surge del nuevo paradigma de gobierno mundial de generosidad y benevolencia. Elías es el profeta bíblico del Antiguo Testamento.

1:3 para dar luz y desplegar la Fe del Único,

La profecía anima a los que tratan de trabajar activamente con el Espíritu para aceptar el concepto de la Unidad. Que todas las creencias, todos los dioses, todas las diosas, dependiendo de la terminología que preferimos, son, de hecho, Uno. No hay sino una Fuente Divina. Un Arquitecto Divino: Un Creador: sin

Edward Spellman

género, sin prejuicios, sin forma, pero sin duda con sustancia y significado.

1:4 para expresar la palabra de la Divinidad,
    Para escribir o hablar, o de otra manera expresar la palabra de la Divinidad.

1:5 en un tiempo en que la oscuridad y la luz
1:6 luchan por el dominio en el mundo del hombre.

2:1 Los ángeles caminarán de nuevo
2:2 en la superficie del mundo,
2:3 y sus hijos cantarán canciones de celebración,
2:4 anunciando el retorno de la novedad,
    El mundo va a cambiar.
2: 5 y el renacimiento de Jerusalén.

El Regalo de Uriel

Esto habla del Nuevo Mundo que surge del nuevo paradigma de gobierno mundial de generosidad y benevolencia.

3:1 El reino de la Diosa estará completo,
3:2 con los Señores una vez más,

Estas dos líneas significan no más patriarcado—ni matriarcado—habrá equilibrio con los aspectos masculinos y femeninos de la Divinidad en armonía.

3:3 y el renacimiento, e inicio tras inicio,
3:4 afectará al mundo y las personas de todas las tierras.

El mundo se hará de nuevo bajo la influencia del nuevo paradigma.

4:1 Luz será vista por la eternidad por todas las tierras

Estamos pasando de una era de oscuridad a una era de luz.

4:2 mientras la oscuridad se arrastra entre la desesperación

La oscuridad se está desesperando porque prevé su propio fin, y es la oscuridad la que está en la desesperación.

4:3 intentando disimular,
   Difundir mentiras.
4:4 y despertar los temores de muchos,
4:5 los temores de muchos son realmente los temores de uno,
4:6 y el uno, es el ser.

Cada uno es responsable de sus propios miedos y la oscuridad hará todo lo posible para mantenernos temerosos ya que así es como tiene poder sobre nosotros. Cuando conquistamos nuestros miedos, el poder de la oscuridad sobre nosotros no es más.

5:1 Sueños del cielo muchos deben vender,
5:2 los crímenes de uno traerán consigo

5:3 el anuncio del infierno.

6:1 Falsos profetas montan sobre los vientos de miedo,
Los que utilizan el miedo para promocionarse son falsos.
6:2 aliento de dragón enciende el miedo,
El aliento de dragón, también conocido como líneas ley, son líneas de una red de energía planetaria que envuelve a la Tierra. A medida que las personas se vuelven más sensibles a estas líneas de energía, los que no entienden lo que están sintiendo les temerán.

6:3 en el corazón del hombre y la mujer.

7:1 Avaricia es el núcleo para la comprensión de lo viejo,
La avaricia era el paradigma gobernante de la era que acaba de llegar a su fin.

7:2 lo viejo es el núcleo para establecer lo nuevo.

El viejo paradigma apunta al nuevo, mientras la batalla entre la luz y la oscuridad es entre opuestos, entonces el paradigma para lo nuevo es el opuesto al del viejo. El establecimiento de lo nuevo proviene de un paradigma de generosidad y benevolencia.

7:3 A medida que caen las estrellas y los mundos tiemblan,

A medida que caen aquellos que se creen por encima de los demás mediante el ejercicio de la avaricia y sus percepciones son quebrantadas.

7:4 el brillo de la verdad puede llegar demasiado tarde.

La verdad que puede llegar demasiado tarde es que la avaricia no es un camino beneficioso.

8:1 Miedo a la profecía y la verdad se encuentran todavía,
La humanidad todavía tiene miedo de la profecía y de la verdad.

8:2 el corazón del hombre,
8:3 una piedra a romperse a voluntad.
Las creencias que tenemos más cercanas a nuestros corazones son frágiles y se rompen fácilmente.

9:1 En una tierra donde las amapolas altas crecen,
En Australia,

9:2 y son despiadadamente cortadas en pedazos,
Las personas que se vuelven prominentes en el ojo público a menudo son atacadas verbalmente.

9:3 se elevan las estrellas de la Cruz del Sur,
Un grupo de cinco personas.

9:4 para traer un fin al saqueo.
Que ayudarán a poner fin al saqueo del planeta en el que vivimos.

10:1 De la paz en la Tierra y buena voluntad para todos,
Esta línea es una firma de algún tipo. Es Jesús diciendo: Esta es mi profecía.

10:2 algunos podrían conocerla,
Algunas personas entienden que esto viene de Jesús.

10:3 pero traerá la caída de todos.
Hará añicos nuestra percepción de la realidad.

11:1 Todo lo que es podrá volver,

El Regalo de Uriel

Todo Lo Que Es, es la Fuente Divina: El Creador: El Arquitecto Divino: y todos son uno, y ese es el concepto que se avecina.

11:2 aquello que no posee poder.
El poder que se ha apoderado del mundo se está desviando hacia el pasado y está perdiendo su poder.

11:3 Recorre los caminos que conducen al corazón,
11:4 desde el corazón, el alma empieza,
11:5 de los sueños y los deseos, la vida se convierte en arte.

12:1 La paz es el don que no se puede sostener,
La paz es el don que no puede ser retenido.

12:2 el sonido de la campana, anuncia la caída, del infierno.

Edward Spellman

Una epifanía compartida anuncia la paz en la Tierra.

El Regalo de Uriel

Epílogo

Ahora que he llegado a este punto de mi viaje, me pregunto el propósito detrás de que Uriel me diera el libro y Jesús y los arcángeles me animaran durante todos esos años para escribirlo.

Ahora que estoy aquí y echo otro vistazo a mi *línea de vida*, me muestra que, a partir de este momento, mi vida va a ser continuamente más y más diferente a cualquier cosa que he experimentado previamente. Me tomó años aprender a confiar en la guía de mis visiones, sueños y susurros en lo más profundo de mi corazón; confiar en que Jesús estaba siempre conmigo, y siempre lo estaría.

Escribir este libro ya me ha cambiado: ha cambiado la forma en la que pienso y la manera en que veo el mundo. Ahora tengo una biblioteca de lenguaje simbólico que me lleve adelante que sin duda va a crecer a lo largo del camino.

Los mensajes del Espíritu siempre tienen múltiples capas. Un mensaje puede ser relevante y significar una cosa hoy, luego, después de algún tiempo y más experiencia, el mensaje se profundiza y abre otras capas.

Sospecho que voy a desentrañar los mensajes que ya he conseguido, sin mencionar los que están por venir, por el resto de mi vida.

También entiendo que si alguna vez necesito ayuda, todo lo que tengo que hacer es preguntar. He aprendido que los ángeles no intervendrán a menos que sean invitados; y una vez invitados, están aquí, aunque a veces puede que no reconozca su ayuda.

Una de las cosas más importantes que he aprendido en el camino fue dicho por el Arcángel Miguel: *Una de las mentiras más grandes jamás contadas es que las cosas buenas vienen a aquellos que esperan. Sería más exacto decir: 'Las cosas buenas vienen a aquellos que se esfuerzan'. Una vez que pides nuestra ayuda y comienzas, vamos a igualar tu esfuerzo.*

Hace poco le pregunté a Jesús por qué seguía animándome a escribir mi libro.

Él respondió: *¿Cuál es el punto de tener una historia si no lo compartes?*

Luego dijo: *Donde tu historia vaya, la fe crece.*

Es mi esperanza que, así como escribir este libro me ha enseñado a tener fe en mi guía espiritual, también ayudará a otros a tener fe en la suya.

El Regalo de Uriel

Edward Spellman

Acerca del Autor

Empecé este viaje el día de mi muerte. Comenzó con la perspectiva de que el cuerpo físico está animado por el alma y me encontré con que mi alma había sido sacada de mi cuerpo.

Me esforcé mucho para empujar mis experiencias y olvidarlas. Sin embargo, eso no funcionaría y el Espíritu tenía otros planes para mí.

Es importante añadir que me refiero a lo Divino al utilizar el término Espíritu. Aunque yo creo en Dios, y algunos me podrían llamar un cristiano (y otros no), el término Dios es un término limitado a mí. El término Espíritu tiene menos connotaciones religiosas y, en mi mente, es menos restrictivo.

Una vez que el concepto de este libro me fue presentado, lo evité por diez años. Escribí sobre cualquier otra cosa, cualquier cosa menos lo que iba a ir en este libro. La idea me aterraba. Estaba aterrado de exponer mi ser más profundo, tanto a mí mismo, como al mundo en general.

Después de diez años, sin embargo, poco a poco, paso a paso, acepté este proyecto: mi viaje personal a la autoconciencia con este libro como una herramienta para lograrlo.

Escribir este libro tomó dieciocho años y a lo largo de la experiencia me di cuenta que esto no es sólo algo que voy a hacer y luego seguir adelante.

El proceso de comprensión de mis experiencias y cómo han afectado mi vida es una de las razones por las que estoy aquí; y el proceso de crear este libro siempre será algo que va a influir y empoderar mi vida de forma significativa.

Espero que la vida esté a punto de volverse más interesante de lo que ha sido. Veo una puerta a punto de abrirse... Me pregunto, ¿qué encontraré si paso por ella?

Para conectarse con Edward, por favor visítalo en urielsgift.com.au

El Regalo de Uriel

La foto al lado es una réplica de una visión que vi mientras hacia una copia de este libro. Significa que hay múltiples capas de significado para las cosas que he escrito. Y al llegar a este punto en el libro y había comprendido eso, la siguiente capa comenzó a presentarse a sí misma.

También significa que cuanto más profundo vaya, más mágico será.

Edward Spellman

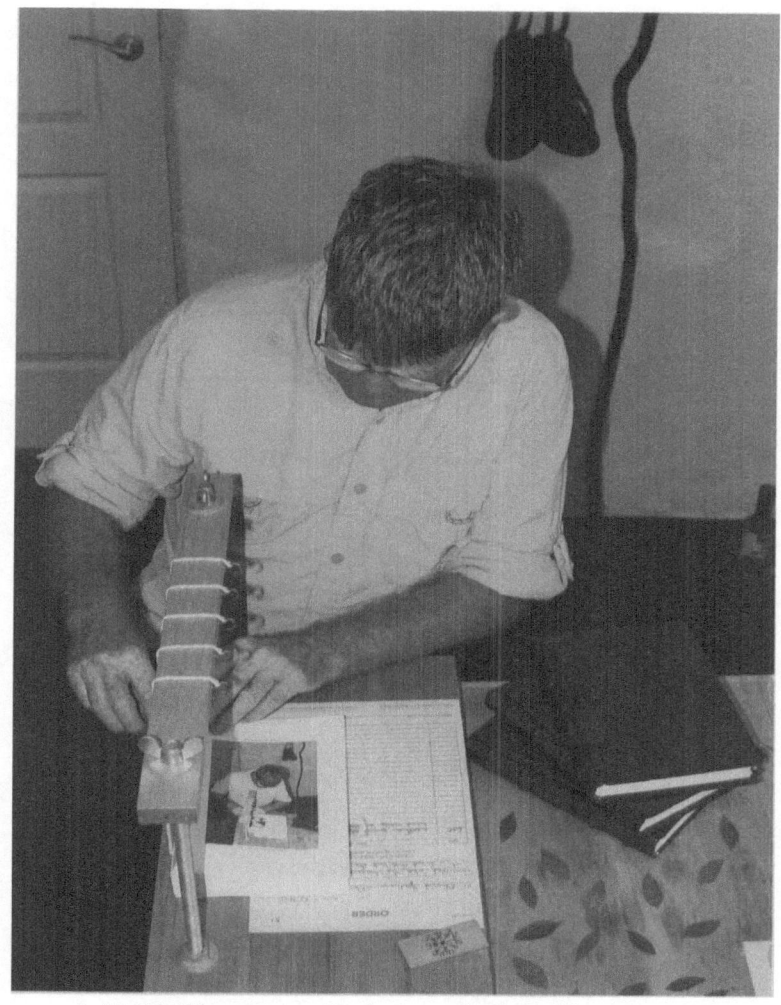

Mi Taller por Edward Spellman, 2016.

El Regalo de Uriel

urielsgift.com.au

urielsgift@gmail.com

Gracias por leer mi historia.

www.ingramcontent.com/pod-product-compliance
Lightning Source LLC
Chambersburg PA
CBHW031359290426
44110CB00011B/211